脱贫攻坚

——基层党组织怎么干

本书编写组

人民出版社

统　筹：张振明

责任编辑：郑　治　刘敬文

装帧设计：周方亚

图书在版编目（CIP）数据

脱贫攻坚：基层党组织怎么干／《脱贫攻坚：基层党组织怎么干》编写组 .
— 北京：人民出版社，2017.4

ISBN 978－7－01－017740－3

Ⅰ.①脱…　Ⅱ.①脱…　Ⅲ.①中国共产党－基层党组织－工作②扶贫－研究－中国
Ⅳ.① D267 ② F124.7

中国版本图书馆 CIP 数据核字（2017）第 100910 号

脱贫攻坚
TUOPIN GONGJIAN
——基层党组织怎么干

本书编写组

人民出版社 出版发行

（100706　北京市东城区隆福寺街 99 号）

河北新华第一印刷有限责任公司印刷　新华书店经销

2017 年 4 月第 1 版　2017 年 4 月北京第 1 次印刷

开本：710 毫米 × 1000 毫米 1/16　印张：15.5

字数：177 千字

ISBN 978－7－01－017740－3　定价：38.00 元

邮购地址 100706　北京市东城区隆福寺街 99 号

人民东方图书销售中心　电话：（010）65250042　65289539

CONTENTS | 目　录

脱贫攻坚——基层党组织怎么干

第一章
帮钱帮物，不如建个好支部

群众富不富，关键看支部。党的基层组织是党全部工作和战斗力的基础，是落实党的路线方针政策和各项工作任务的战斗堡垒。习近平总书记指出，消除贫困，改善民生，逐步实现共同富裕，是社会主义的本质要求，是我们党的重要使命。在大力推进精准扶贫的当下，同样需要发挥好基层党组织的"全部工作和战斗力的基础"作用，把扶贫开发同基层党组织建设有机结合起来，真正把基层组织建设成带领群众脱贫致富的坚强战斗堡垒。作为最前沿阵地的"基本作战单元"，基层党组织对于扶贫的推进以及成效的保证，发挥着极其重要的作用。要把党建和精准扶贫拧成"一股绳"，充分发挥基层党组织"一线指挥部"作用，使之建成带领群众脱贫攻坚的战斗堡垒，引领群众，打赢精准扶贫攻坚战。

一、扶贫开发，支部当好总策划

基层党组织书记王家元："三同"工作法助脱贫

村看村，户看户，群众看干部。对于扶贫开发来说，基层党组织是干部最为集中的地方，其思想是否好、作风是否硬，带领群众共同致富是否能力强、办法多，在很大程度上决定了当地扶贫开发的工作能否开展好、有成效。带头发展经济、带领群众脱贫致富，是基层党组织的重要责任和使命。在大力推进扶贫开发的过程中，基层党组织客观上扮演着总体设计主心骨的角色。例如，重庆市石柱县冷水镇党支部书记沈小锋大专毕业在外务工，回乡当了支部书记，带着党员、群众发展药材、蔬菜、花卉生产，从原来年平均纯收入不足 3000 元，到现在超过 12000 元，实现了致富梦，走上了小康路。

◤ "一把手"责任制，扶贫效果显著

班子强不强，关键在班长。基层党组织班子的状况怎样，同"一把手"关系很大。基层党组织"一把手"既是班子中平等的一员，又在班子中处于关键地位，负有重大的责任。党支部书记是党支部"一班人"的班长，是领头雁，是支部日常工作的主持者，自身素质、协调能力、动员能力、作风情况等，对于能否团结"一班人"做好扶贫开发工作，具有举足轻重的作用。在多地推进扶贫开发工作的实践中，为确保贫困村带头人个个过硬，不少地方狠抓"一把手"工程，充分发挥基层党组织书记的示范、带动和协调等

宁夏西海固地区地貌

作用，打开了扶贫开发工作的新局面。

西海固涵盖宁夏原州、西吉、隆德等县区，是国家确定的14个集中连片特困地区之一。山大沟深、生态脆弱、交通不便，很多地方"一方水土养活不了一方人"。一首苦涩的宁夏花儿山歌，这样形容西海固的贫苦："都说你是天下最穷的地方，住的是窑洞，睡的是土炕……"近年来，该地区的盐池县大水坑镇二道沟村在当地基层党组织的带领下，实现了逆转贫困的翻天变化。

当地的扶贫经验，归结到一句话，就是"帮钱帮物，不如建个好支部"。而让大家对这一点有深刻体会的，是自治区党委组织部组织二处副处长，派驻盐池县

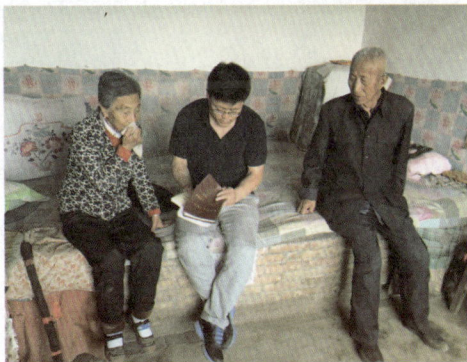

二道沟村第一书记张伟虎（中）走访贫困户

■ 张伟虎（右）查看滩羊养殖园区

大水坑镇二道沟村第一书记、扶贫工作队队长张伟虎。

2014 年，张伟虎进村后挨家挨户调研，和村"两委"班子商议，以村党支部带动专业合作社和农户规模化、标准化养殖。

张伟虎：扶贫路上敢担当

如今，建成滩羊养殖园区 2 个，滩羊存栏 3000 多只，滩鸡放养 1200 多只，野兔 800 多只，从单一的养羊模式形成羊、猪、鸡、驴、野兔等多畜并养的养殖模式，村民受益明显。2015 年，二道沟村集体收入达 8 万元以上，农民人均可支配收入达 6900 元，贫困户人均可支配收入 3300 元，全村贫困发生率控制在 2% 以内。

这种通过考核"一把手"进行扶贫开发的，并不限于大水坑镇二道沟村，而是一个地区性的扶贫经验。宁夏还与各贫困县和乡镇党政"一把手"逐级签订责任书，明确贫困县乡党政班子原则上 3 年不动、不脱贫不离位。确定 9 名自治区党政领导一对一联系 9 个贫困县，安排厅级干部联系 126 个贫困乡镇，安排处级干部联系 800 个重点贫困村，安排 3.2 万市县党员干部包户，不脱贫不脱钩。

短短几年的时间，考核"一把手"的扶贫制度就彰显出了强大的生命力。这种扶贫制度，对于西海

宁夏：党建引领，脱贫攻坚（上）

宁夏：党建引领，脱贫攻坚（下）

固地区的脱贫发挥了重要的作用。按照三年集中攻关、两年巩固提高、力争提前脱贫的思路，截至 2015 年底，全区建档立卡贫困人口从 2011 年 101.5 万人下降到 58 万人，贫困发生率由 25.6%下降到 14.5%，农民人均可支配收入达 6818 元，从单点扶贫向整体推进、从大水漫灌向精准滴灌、从单打独斗向协同作战的历史性转变正在实现。这些成绩的取得，无疑与狠抓"一把手"密切相关。在协调人力、整合资源、动员干部、示范群众方面，"一把手"具有无可匹敌的优势。

▰ 基层党支部凝心聚力，激发脱贫致富内生动力

在推进扶贫开发工作时，基层党组织总体设计主心骨的角色，还体现在凝心聚力上。基层党组织坚强有力，支部成员精神饱满，党员起到先进带头作用，就能够把老百姓的脱贫意愿与扶贫开发工作有机对接起来，取得良好的扶贫效果。一名党员，无论在什么地方、什么岗位、做什么工作，第一身份都是共产党员，第一职责是为党工作，第一目标是为民谋利，一举一动都代表着党的形象。一个基层党支部能够把这些旗帜高举起来，就能够极大地推进扶贫开发工作。安徽省六安市舒城县阙店乡转水湾村，通过抓党建激发内生动力，成为扶贫开发工作的强中手。

六安市舒城县阙店乡转水湾村是建档立卡贫困村。2014 年 11 月，省编办选派第一书记王许到村任职，把加强基层党组织建设放在首位，全身心投入村里脱贫攻坚，两年来已争取各类项目资金 1400 余万元，快速改变了该村贫穷落后面貌。

当地坚持党建先行，充分发挥党建工作凝聚人心、汇聚合力的优势，从四个方面狠下功夫：一是抓班子建设。村党支部第一书记

转水湾村 60 千瓦光伏发电站

带头，村班子成员坦诚相见，形成了推动工作的合力。实行"牵头配合制"分工，保证每项工作有人牵头、分片配合完成，形成了分工协作的好机制。二是抓党员教育管理。定期组织全体党员到县委党校等地集中学习，到发展好的村参观考察，凝聚加快发展共识。建立党员会议点名制，抓纪律实行严格问责，全面规范党员管理，逐步形成了良好风气。三是抓党员发展和作用发挥。注重把群众看得见、信得过的优秀分子吸收到党组织中来，坚持重要事情听取党员意见，议定事项交由党员牵头落实，完成结果由党员评议的工作机制，党员干事创业、创先争优热情被充分激发，带动了更多的群众积极要求加入党组织。四是加强阵地建设。投入 50 多万元建成 400 平方米党群活动"抓党建激发内生动力、强帮扶推动村级发展中心"，建设规范的为民服务办事大厅，全面推行村干部集中办公，让群众小事不出村、大事有人帮、办事更方便。

强党建带来了发展的精气神。在此基础上，转水湾村党支部深入调研。依托当地实际，通过做大做强香椿产业，壮大集体经济的办法，找到了脱贫致富的好路子。在党支部的带领下，当地的香椿产业已经向纵深发展，在产品上，推进产品深加工，委托专业公司代加工香椿酱，预计年生产销售阙红牌红油香椿酱 6 万瓶。2016年 7 月，转水湾红油香椿被成功认证为有机农产品，为香椿产业扩大规模、提升效益、拓展内涵奠定了基础。同时，当地发展香椿观光旅游，延长香椿产业链，建设香椿旅游观光基地，开展香椿采摘乡村旅游活动。2016 年，大部分种植户较上年增收 2000 元以上，群众种植积极性高涨，种植面积也随之不断扩大，香椿助力脱贫致富的"一村一品"效应已经初步显现。在壮大村级集体经济上，转水湾村党支部充分利用上级帮扶的机会，积极探索创新发展模式和路径，2015 年，转水湾村实现村级集体经济收入超 10 万元。

■ 转水湾村香椿旅游观光基地

▌帮扶单位走访贫困户

党的领导与群众参与是改革开放取得巨大成绩的重要经验之一。在脱贫致富工作中，转水湾村党支部党建先行的办法，是这一经验的具体运用。广大人民群众一旦尝到了甜头，也会更加主动地参与到扶贫开发工作中来。而随着集体经济的壮大，又反过来推动当地基础设施建设。当地已经建成两个文体休闲广场和村部广场，日处理污水100吨的太阳能污水处理站正在建设；正在规划建设香椿深加工产品展销中心和游客接待服务中心；共争取20余万元慰问金和慰问物资发放给困难群众和学生。这些势必进一步增强党支部的凝聚力。

◤ 支部书记有眼光，良方指引奔小康

对具体扶贫工作的总体规划，是基层党支部主心骨角色的另一个表现。基层党组织是党在基层工作的战斗堡垒，这一堡垒不仅体

现在党建上，还体现在具体的工作上。换言之，扶贫开发工作，不是仅仅靠加强党建工作就可以完成的，而是必须与具体的经济发展、帮扶救助等工作结合起来。这无疑对基层党组织提出了更高的要求。这就意味着，基层党组织不仅要在政治上靠得住，还要有经济发展的人才和脱贫致富的能手。辽宁省大连市旅顺口区铁山街道郭家村党总支把准脉出良方，为当地低收入村致富奔小康指明了出路。

郭家村地处老铁山国家级自然保护区核心区，面朝渤海，背倚老铁山，南连黄海、渤海分界线，北接旅顺经济技术开发区，占地面积 1.26 平方公里，是一个只有 500 人的小村庄。这里民风淳朴、气候宜人，但受传统思想束缚及环保政策限制，村民只靠传统农业维持生计，因此郭家村一度成为旅顺口区比较有名的低收入村。多年来，在村党总支书记王仁辉的良方指引下，党支部群策群力，出主意、想办法，拓宽思路，扎实作为，带领村民走出了致富奔小康的新路子。

俗话说"靠山吃山"，郭家村党总支书记王仁辉脑子里一直琢磨着如何利用老铁山这座"金山"让老百姓富起来。王仁辉主持召开村党员大会，动情地和大家说："郭家村不富裕的症结是单打独斗，我们党员要真正起到先锋模范带头作用，要通过集体搞乡村游的路子，

农家乐

充分发挥村内自然资源和旅游资源优势，带领全村脱贫奔小康。"
在王仁辉的号召下，村党总支组织委员第一个开办农家乐，其他党
员紧随其后开办两家农家乐、6 个采摘大棚。在党员带动下，村民
们有了主心骨，纷纷参与进来。村党总支适时而动、多措并举，通
过组织党员大户技术讲座、厨艺比赛、参观考察等方式提升村民的
致富能力，并定期召开村民代表大会，广泛征求村民对乡村游的意
见建议，增强村民主人翁意识，为全村发展出谋划策。

　　郭家村的水果也是当地的"金山"之一。以前，这些水果销售
大多属于村民的自发行为，属于没有品牌、没有规模、没有知名度
的"三无"零散模式。针对这一现状，村党总支书记王仁辉提出要
在提高樱桃品质上做文章，做到个头、色泽、口感、包装"四统
一"，打造郭家村"新石器"樱桃品牌。随着樱桃品质的提升，购
买樱桃的回头客络绎不绝，郭家村的樱桃八成以上不用出村便销

■ 社员采摘成熟的大樱桃

售一空，而且销售价格远高于市场上的零售价格。在王仁辉的良方指引下，郭家村自产的白酒，也变成了郭家村的"金山"。为了打开销路，郭家村对"老铁山原浆"白酒进行了统一的包

繁荣的樱桃市场

装和标识，经过宣传和品牌推广，白酒价格翻了三番，销售供不应求，一下子将前 10 年的存货销售一空。

当然，王仁辉的良方还不限于此。除了品牌建设，郭家村党总支还特别注重宣传。当地建立了"樱桃节郭家村乡村游"网站，充分向游客展示郭家村农家乐旅游品牌，引导游客到郭家村探古寻幽、采摘游玩。樱桃节期间，还通过大连电视台、《大连晚报》等多家市级媒体报道，进一步展现郭家村农家乐的旅游盛况，形成强大的宣传效应。

俗话说得好，千难万难，党员干部带头就不难。在过去艰苦的战争年代如此，在改革开放搞建设的年代如此，在大力推进扶贫攻坚、带领群众脱贫致富的过程中，也应该如此。作为基层党组织的"一把手"，既要有责任，也要有担当，有能力。短短的几年时间，在村党总支的带领、全村党员群众的共同努力下，郭家村改天换地、焕然一新。截至 2016 年 9 月，郭家村乡村旅游接待游客人数突破 10 万人次，全村农产品销售收入约 1000 万元，农家乐经营收入约 440 万元，村人均收入达到 2.1 万元，郭家村村民摘掉了低收

入帽子，过上了幸福的生活。王仁辉的眼光与良方，为其他地方扶贫工作的推进提供了有益的借鉴。

二、力量整合，支部当好凝聚剂

总体设计主心骨的角色能否扮演好，还要看基层党组织在扶贫开发中的具体作为。多地的扶贫开发实践证明，基层党组织有效发挥整合作用，是保证其履行总体设计主心骨角色的重要方式。具体来看，基层党组织的整合作用主要体现在三个方面：组织整合、产业整合、社会整合。通过这三个整合，基层党支部坚强有力地站在了扶贫开发工作的前沿，成为推进扶贫开发的重要支点。

▶ 组织整合，整改软弱涣散党组织

基层党组织在扶贫开发中的作用和重要性不言而喻。人是生产力中最为活跃的因素，尽管我们不能夸大人的主观能动性，但不可否认的是，充分发挥人的主观能动性具有重要意义。事实上，一些地区之所以贫穷，除了客观的自然条件和社会条件外，缺乏有力的脱贫带头人和领导力量也是重要原因。有句话说得好，贫困和软弱涣散往往是伴生的，软弱涣散是贫困的重要原因。精准扶贫不仅要在资金上给予帮扶，更重要的是"扶"思想。需要"扶"思想的不只是待脱贫的群众，还有当地的基层党支部。不少地方把整改软弱涣散的党组织放在扶贫开发的第一步，就是抓住了这个关键。

山东省沂源县是山东海拔最高的县，有贫困村 140 个、贫困户 1.5 万户，脱贫任务重。县里从整合组织入手，统筹推动干部、党建和人才工作"三个轮子"一起转，全力推动脱贫攻坚。

在整合干部方面，县里针对脱贫任务较重的 7 个乡镇，择优选配领导班子。县乡干部下乡帮扶，109 名镇街干部挂包 109 个村，县里 9289 名干部与贫困户结成帮扶对子。县扶贫办干部房玉波，与帽子庵村贫困户戚建福"结对子"，找专家、跑项目，解决了戚建福家樱桃树不结果问题，还牵线搭桥，帮他上了养羊项目。

在党建这一块，沂源县委把村"两委"班子定位为脱贫攻坚的关键保障，对 19 个软弱涣散的贫困村党组织进行整改，吸引能人回村任职，返聘退休干部到村任职，优秀村支部书记跨村任职，配强"带头人"。

在人才使用上，县里组织 2000 多名"土专家""田秀才"走进农村，走进贫困户果园圈舍；通过科技特派、分餐制培训等方式培育新型职业农民，将符合条件的贫困户纳入政策扶持范围；组建 150 余支科技帮包扶贫队，对贫困村差异化"滴灌式"帮扶。

"土专家"（前）在历山街道窗户沟村向农民传授果树春剪技术

组织整合调动了"人"这个最为关键的因素，加快了当地脱贫致富的步伐。由于人员配备得力，不少村民在短时间内就感受到了变化。南岩四村自从迎来"第一书记"郑作川，村里改水、改厕、建广场，不仅"面子"亮了，"里子"也大为改善，扩建大棚、上示范园，100 多贫困户受益。北流水村过去种地全靠天吃饭，贫困人口占了近一半，"石头屋里啃咸菜，山

张家坡镇党员先锋队帮助果农销售果品

呇兄里刨生计，出门全是补丁裤"。能人陈丙福担任村支书后，带领村民修渠、通路，种桔梗、栽苹果，村里成立合作社，通过流转土地发展特色产业，2015 年底，全村整体甩掉了贫困帽。张家坡镇东流泉村贫困户李长兴则对专家下村感触特别深。他家里 3 亩果园，在"土专家"王存刚帮助下进行了改造，改造后，苹果亩产达到 4000 公斤，每亩增收 2000 多元。

山东沂源：残疾村支书带领村民致富

内因是改变事物的根据，外因是改变事物的条件，外因通过内因起作用。这一马克思主义基本认识论，对于扶贫开发工作仍具有重要的指导作用。对于贫困地区来说，随着我国国力的强大，国家扶贫政策的支持当然是一个重要力量，但如果思想停留在"等靠要"的层面，扶贫工作取得实际成效也就十分困难。对于基层党组织来说，尤其要发挥自己的组织优势，通过整合"人"来谋求扶贫开发的转机，很可能取得事半功倍的效果。

产业整合，让资源效益最大化

基层党组织的作用，除了通过组织整合实现对人力资源的整合外，还具有整合产业的功能，从而有助于推进资源效益的最大化，为脱贫致富提供最为重要的物质保障。河北平泉县七沟镇圣佛庙村党支部在扶贫开发的过程中，通过产业链上建支部的方式，对村里的人力、物力进行了有效整合，还利用党组织的优势促进了各产业之间的合作，实现了产业之间的优势互补和对接，壮大了扶贫开发的力量，提振了当地治贫脱贫的信心。

圣佛庙村656户村民，大都住在山沟子里。其中，贫困户有63户，共209人。该村共有67名党员，多于贫困户的数字。应该说，这一支党员队伍是重要扶贫力量，在村里专职扶贫干部少的情况下尤其如此。然而，由于各种原因，村里党员此前在带动村民脱贫致富方面发挥的作用并不明显。一方面，村里只有一个党支部，由于支部太大，全体党员聚在一起沟通的机会少，党员有的在外创业，留在村里的也很少商议；另一方面，党员欠缺带动脱贫的服务意识。长期以来，村里党员习惯于忙自己的事，在服务他人、创造就业，尤其是帮助贫困户的就业方面缺少主动作为。有的党员虽愿意帮，但限于目标、路径等并不明确，效果有限。

为了打开扶贫工作的局面，在驻村干部的指导下，该村党支部立足平泉县以及当地的实际，在推动广大党员转变思想的有效机制上下功夫，通过产业链上建支部的方式，走出了一条产业合作融合的路子。平泉县产业基础不错，致富能人中不乏党员。当地党支部按照不同的产业链建立党支部，在村里建立了合作社支部、企业支部、园区支部和综合支部等。综合支部由村里有经验、有声望的老党员组成，负责组织学习和协调服务。其他几个支部则充分发挥产业扶贫优势，依靠县里的食用菌、经济林果、畜牧养殖等产业以及合作社、龙头企业等，以入股分红、吸纳就业等方式推动扶贫攻坚。

按照产业链建立支部，既能实现更精细的分工，党员也能依靠自身长处和优势来发挥能量，从而明确带动村民脱贫致富的目的和方向。他们将从事食用菌产业的党员编入园区支部食用菌生产板

■ 欧李设施化栽培科技示范园区

■ 经济林果产业蓬勃发展

■ 香菇生产示范园区

块，利用自身经验、技术、场地等，以入股、雇佣、教授等各种方式带动贫困户，有效地解决了其收入难题。并且，将支部建在产业链上，还有利于发挥党组织的整合功能。以往，村里的企业相对分散，挨个谈合作挺费劲。而支部建立后，很快成为各企业间合作、联系的纽带，企业内部的党员也都汇聚起来，在吸纳贫困户就业等方面"一盘棋"操作。

◤ 社会整合，调动社会各界助力扶贫

扶贫开发是全社会的共同责任。对于基层党组织来说，整合作用还体现在对于全社会各界扶贫力量的整合上。从扶贫工作的实践来看，社会各界参与是一个不争的事实。有的地方效果好，有的地方效果差，一个很重要的原因就在于当地基层党组织的整合能力有差异。新的历史条件下，打赢扶贫攻坚战，整合社会力量，就要扩大参与范围、丰富参与方式、调动参与热情，支持鼓励各类企业、社会组织和个人通过多种方式参与扶贫攻坚，让社会各界在扶贫攻坚中有参与的平台、创新的动力，着力在全社会形成扶危济困人人乐为、人人可为的良好氛围。在这方面，广西百万群众搬迁脱困唱了一出好戏。

涉及 13 个地市 79 个县（市、区），5 年搬迁 100 万人，还要前期搬得出、后续有发展，无论怎么看，这都是道难题。成非常之业必行非常之举。为了确保如期保质地完成，广西出台了三项落实制度：一是通报。定期通报各市、县完成易地扶贫搬迁进度情况。表扬类，文件为红头；批评类，文件为黑色。二是督查。由自治区扶贫开发领导小组抽调若干人员组成

▌ 广西都安瑶族自治县农民进城创业园，安置该县居住在自然环境恶劣及投入扶贫成本较大的山区群众 2111 户 10576 人

广西：易地扶贫搬迁给力

暗访组，每天不打招呼、不找干部，直接进村进户，随机抽查。三是协调。每周四定时接收各地汇报，内容为"必须区级才能协调解决之问题"。至7月底，全区已通报3次、协调解决问题40多个。

这三项工作中，协调的工作无疑最为重要，因为这关系到问题的解决，是硬任务。为了完成这项硬任务，当地干部拿出了"脱层皮"的干劲，在社会整合上下足了功夫。首先是干部配备到位，这是社会整合的重要一步。"只有干部脱层皮，群众才能脱掉贫。"大化县委书记杨龙文上任才数月，已将这一观念烙刻到全县每名干部脑海中。

其次，协调多部门合力解决顽疾，不回避难题。田阳县洪坡镇双达村覃志明当了15年村支书，也受了15年的苦和累。地处喀斯特地区，"引水水漏光，存粮鼠吃光"，全村296户守着539亩地，年年吃不饱。村里的年轻人基本上跑光了。老覃发誓，"要能走，

覃志明支书（中）协调双达新村建设

我就带着大伙一起走"。机会随之就到。2013年，靠近县城的田州镇凤马村村支书张建新告诉覃志明，他们村正在搞新农村建设，空出一片地有 58 亩，"你愿不愿意全搬到我们这来？"两人各自回村一商量，以

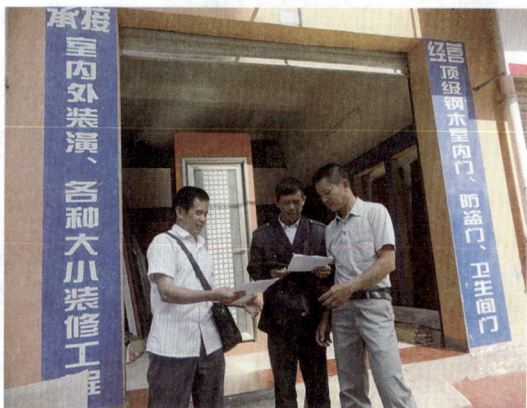

双达村党组织主动上门为外出务工群众跟踪服务

每亩 12 万元成交了。在当时，这种私下变更规划的事，可是件违规之举。田阳县委、县政府并没有"一棍子打死"，而是因势利导，一方面调动国土、建设等部门帮这几个村重新规划、合理设计，另一方面又主动向上协调申请报批。如今，这种方式已在田阳县解决 5000 多人的易地搬迁。

最后，重视外出优秀农民工资源，创造条件吸引他们回乡创业，成为脱贫致富的重要力量。大化县结合易地扶贫搬迁工作，于 2015 年 12 月在全区率先建立了"农民工创业园"，通过政策优惠，专门吸引在外学习到先进管理经验、拥有资金技术的农民工。从广东佛山创业回来、如今落户在大化县"农民工创业园"的黄兰玉，在家乡投资办起了玉华制衣厂，用工达到 100 多人。为什么要回来？用她的话说："县里给我免除租金、免费培训、优惠税费，如果能再敞开更大的政策之门、促成更多配套企业回来，易地搬迁出来的丰富劳动力，就会从最大的劣势，变成我们未来发展的最大优势。"现阶段，大化农民工创业园已引进、培育小微企业 25 家。2016 年 7 月 18 日，自治区发改委公布的 2016 年全区投资计划，4900 亿元总投

资中将计划引入 1260 亿元民资，参与 728 个重大项目。

三、示范引领，支部当好火车头

火车跑得快，全靠车头带。基层党组织是精准扶贫的"先锋"，是群众脱贫致富的"引路人"。在帮扶上，要深入实施"双带"（带头富和带领富）工程，激励党员干部在发展种养项目、农特产品开发上下功夫，成为致富"领头羊"，同时，发挥党员在脱贫攻坚中的先锋模范作用，激励他们主动与贫困农户结成帮扶对子，上门化解生活生产难题，传授科学技术，提供致富信息，实施精准服务，推动精准脱贫，实现共同致富。基层党组织要加大对党员带头致富、带领群众共同致富的力度，力争每个有劳动能力的党员都有脱贫致富项目、每个贫困村都有致富带头人。这样聚点成片，以点带面，就能产生强大的示范辐射效应。

◤ 党员带头致富，放大富民效应

扶贫开发，观念先行。但是，如何才能转变人们的观念呢？一方面是宣传，另一方面就是树立典型，通过活生生的实例向广大群众说明，"只要肯干我也行"、国家扶贫政策面前人人平等等思想，可以有效激发群众脱贫致富的信心，放大富民效应。近年来，甘肃省通渭县亨丰乳业有限公司党支部注重党建与产业发展同抓共进，不断放大党组织和党员在产业链上的富民效应，实现了"党建"与"富民"的相融共进。

通渭县亨丰乳业有限公司是一家集饲草种植、加工、销售、奶牛养殖及乳产品深加工于一体的民营企业，位于陇阳乡陇阳村下庄

采取"公司＋基地＋农户"的订单种植模式，带动贫困户发展牧草种植。图为亨丰乳业有限公司正在收购贫困农户玉米秸秆

社，由通渭县致富能手李远志创办，注册资金 1000 万元，总投资 1622.3 万元，现有员工 30 人，党员 3 人。

一家一户的传统式家庭经营，是当前制约农村经济发展的最大瓶颈，针对公司分散经营与流通市场脱节的问题，通渭县亨丰乳业有限公司党支部提出了"党建引领、优势互补、抱团发展、联合共赢"的发展思路，充分发挥党支部在企业发展中的政治引领作用，邀请陇阳乡党委副书记担任党建指导员，通过定期开展政策解读、信息通报、技术培训等形式，引导企业走市场化经营模式。同时，公司党支部主动与天水昌盛食品有限责任公司牵线搭桥，大力发展订单农业，创建 2000 亩甜玉米种植基地，涉及水泉、周店、新合、陇阳、庆阳、六一等贫困村 30 个社 540 户农户。

注重党员与致富能手双向培养，是该公司党支部扶贫开发工作的经验之谈。针对党员引领发展能力弱和致富能手宣传组织群众能力弱的实际，公司党支部开展了"把党员培养成致富带头人，把致

采取投母还犊的方式,带动贫困户发展奶牛养殖业

吸纳贫困群众在公司就业,就近转移劳动力。图为正在进行饲草青贮氨化

富能手培养成党员,党员和致富能手相互结对帮扶"的"双向培养、互相带动"活动,充分利用党员活动室和陇阳村远程教育站点,不定期对党员和致富能手进行党的基本理论和适用技术培训。黄宝国是公司培养的一名党员,一直由于没有技术找不到致富突破口,公司党支部通过派出去专题学、参加观摩示范学等方式,使其掌握了科学养殖技术,现已经是公司致富能手,2016年通过流转土地等方式,种植甜玉米25亩,增收35000元。通过党员带头示范效应,"以户带村、以村带片、以片带业"的局面很快形成。

该公司在扶贫开发过程中,不仅注重公司盈利,还注重农民增收,着力于找到两者之间互利共赢的结合点。在发展内力增强"造血"功能的同时,公司党支部还积极借助外力资源促进公司发展,

充分利用县上"百名科技特派员兴农强工促增收"活动，将亨丰乳业确定为这个活动的示范基地，依托现有产业发展基础，实施建设生物有机肥生产加工项目，利用养殖废弃物、玉米秸秆、养殖场自产的 5840 吨牛粪及收购周边的 34160 吨牛粪为原材料，进行无公害处理和循环绿色生产，制作成生态有机肥，形成"奶牛养殖——粪便——有机肥生产——无公害农牧产品生产"生态循环链，在惠及当地农民的同时，预计年新增直接经济效益超过 1000 万元。

中国共产党是中国工人阶级的先锋队，也是中国人民和中华民族的先锋队。先锋队的表现之一就在"三个代表"上：始终代表中国先进生产力的发展要求，始终代表中国先进文化的前进方向，始终代表中国最广大人民的根本利益。这种先进性不是停留在空洞的宣讲和口号中，而是体现在一个个鲜活的个体党员身上。贫困落后地区之所以贫困落后，一个重要原因就是生产力发展水平不行。从这个意义上说，扶贫不只是让贫困户过上好日子，还要提高当地的生产力水平，这是过上好日子的根本保障所在。党员带头致富，带头践行先进生产力，具有强大的社会感染力，为扶贫开发工作注入了强劲的动力。

先进带动后进，发挥党员先锋作用

基层党组织在扶贫开发中的带头示范效应，一方面体现在率先致富效应上，党员中的致富能手依托自身资源，大胆先行，蹚出一条出路，示范后进；另一方面体现在先富对后富的带动效应上，先富人群并不是一个孤立的存在，而是与社会各方面有着各种各样的关系。作为党员，尤其要注重社会效益，凸显党的宗旨和共产党员本色，自觉带动广大人民群众走共同富裕之路。陕西省扶风县吴家村党支部的党员"带出了大家伙儿的心气",成为扶贫开发中的典型。

陕西省扶风县吴家村,大伙儿一直把苹果当"金疙瘩"。"可眼下果树老化、优果率低不说,市场行情也落了。"老支书孙宏儒直言:"如今扶贫任务重,而一些人调整农业结构的热情不高,更不愿担风险,没致富'领头羊',没挣钱好路子,贫困户咋'摘帽'?"

面对精准扶贫的紧迫任务,吴家村党支部以"支部发展一个特色产业、党员结对帮扶一户贫困户"为内容的党建促扶贫"1+1"行动,产生了"1+1>2"的效果。特色产业是老支书请农业教授实地"问诊"得来的,那就是苗木栽植。通过村支部大力推广特色产业,如今吴家村已发展苗木种植43户、200多亩,苗木已成为该村除苹果之外的第二主导产业,2016年吴家村实现了整村脱贫。

党员王喜玲就是在当地发展特色产业过程中富裕起来的。王喜玲本身也是贫困户,本人曾身患重病,丈夫不幸车祸离世,家中举债10余万元。在村支部的协调帮助下,王喜玲不仅获得了小额贴息贷款8万元,还获得了屋后5亩地的三年无偿使用权。如今,王喜玲栽树30亩,不仅还清了债,还成了苗木大户。王喜玲自己致了富,还以实际行动,带动当地的贫困户一块儿致富。

"组织帮咱脱了贫,咱作为党员更要帮扶穷乡亲。"王喜玲与贫困户孙军科一家结了对子。成了苗木大户的王喜玲,始终没有忘记自己是党员,也没有忘记党员不仅要带头致富、还要带领村民致富的责任。她不仅替帮扶户孙军科挑了2400棵五角枫好苗子,还亲自拿剪刀示范修剪技术,认真告知栽啥树种、株距多长、行距多宽、病害咋除、销路咋搞等,获得了帮扶户孙军科的信赖。孙军科为了儿子结婚打算把树苗卖了,王喜玲还劝说:"好乡党,再想想,赶明春树苗4公分粗,保准能卖个好价钱!"

包括王喜玲在内，该村 61 名党员基本都与贫困户实现结对帮扶，覆盖贫困户总数近 80%。党员与贫困户结对子的活动，不仅产生了极大的经济效益，还产生了可贵的社会效益，极大改观了当地贫困户的精神面貌，提高了他们战胜贫困的信心。党员吴公尚在村里经营一间果库，苹果存库每斤 2 毛钱，给贫困户一律便宜 4 分。马芳玲在果库存了 2 万斤，光这一项就能省下近千元。帮扶户吴利芳说："咱村有了'领头羊'，党员不仅帮咱脱贫增收，更带出了大伙儿的心气，以前觉得过得去就行，现在决心要活出个模样！"

▶ 综合服务平台搭建起党民桥

"党建扶贫双推进"的路子在不少地方都有尝试，理想的政策预期是党建促扶贫，脱贫强党建。云南临沧南美村、幕布村在推进"党建扶贫两手抓"的过程中，通过成立理事会、搭建综合服务平台等，丰富了先进党员与帮扶户之间联结的渠道，在扶贫开发工作中树立了典范。这种平台不再局限于一对一的模式，而是具有多对多的优势，不仅更容易发现扶贫开发中的问题，也提高了解决问题的效率。

云南临沧市临翔区有两个村子：一个叫南美村，一个是幕布村。南美村离城区 40 多公里；幕布村离临沧

■ 拉祜族居住的掌楼

拉祜族的核桃产业

云南南美乡：
创新增收模式，发
展特色产业

机场较近。南美村村民九成多是拉祜族，幕布村拉祜族占三成多。南美村所在的南美乡以前经常被戏称"难美"。全乡4700多口人，拉祜族占七成，从原始社会末期直接过渡到社会主义社会。2012年，九成人口还生活在绝对贫困线以下。山高谷深，村民大都不会说汉语，见到外人就避开。幕布村也是有名的困难村。村民中傣族占两成多，拉祜族占三成多，汉族差不多占一半。2013年之前，全村新砖瓦房只有60多户。建新房有补助，汉族群众很积极，拉祜族村民却很吃力。107户拉祜族聚居的那祢小组，靠自身压根建不起来。

近年来，随着党和政府对脱贫工作力度的逐步加大，两个村也搭乘政策的东风，通过自身努力"摘了穷帽"。以前家里连牙刷牙膏都看不到的南美村，如今家家户户装上了太阳能；以前"头天发了扶贫洋芋种，第二天就煮煮吃了"的村民，如今种起了万元田；以前见了生人就躲的拉祜族人，如今谈起茶叶、烤酒生意头头是道。幕布村2013年新建成267户安居房，相当于以往60多户的4倍多。

这两个村在脱贫致富的过程中，扶贫结对平台比较有特色。可以说，综合服务平台为当地脱贫致富立下了汗马功劳。在脱贫过程中，南美乡 4 个村换了 3 个党总支书记，村里综合服务平台能办六七十件事。因此，该平台极大地提高了扶贫的效率。1993 年幕布村发展烤烟，也是靠小组长党员带头种，才打下了今天生活的"好底子"。当年借款 5000 元为村民买农膜化肥的陈跃明，现在是临沧市"烤烟能手"。拉祜族群众扎多说："没有党员干部当'领头雁'，就没有拉祜人的今天！"

为了不让一家民族兄弟掉队，幕布村的"两件宝"是"理事会"和"党员对"。那瓦小组成立了"五人联建理事会"，由陈跃明书记任理事长。原本贷不了款的贫困户和富裕户"联保"贷款，"理事会"居间和包工队签协议，帮村民买建材选户型，每平方米建房成本省了 200 多元。傣族党员岩更和拉祜族村民李进伟被编进一个"五户联保"组。岩更家里办着养鸡场，可"光自己好过不算好过"，于是还承担起为其他 4 户人家担保的"重任"。如今，李进伟家里种烤烟养牲畜，还完了信用社贷款不说，家里还又买了一辆农用车。

党员带领群众致富，是党员联系群众的一种特殊方式。一些基层党支部在联结纽带上下功夫，通过搭建平台等多种方式，畅通党员直接联系服务群众的渠道，一方面有助于发挥党员的示范效应，从而在精神上、观念上甚至行动上对贫困户产生带动效应，激发贫困户敢于尝试、积极脱贫的动力；另一方面，也有助于先进党员与困难群众之间相互了解情况，从而实现更好的对接，最终提高帮扶和脱贫效果。

第二章
扶志扶智，典范树起杆杆旗

　　习近平总书记强调，扶贫先扶志，扶贫必扶智。人穷不可怕，没有脱贫的志气就可怕；人穷心不慌，没有脱贫致富的本领就心慌。在长期的扶贫开发实践中，志智双扶，已成为扶贫工作的一个基本常识。如果不能从思想上改变贫困户"等靠要"的心态，从技能上提高其脱贫致富的本领，简单地靠外力的帮扶，就很难拔出"穷根"，最有可能出现"扶贫—脱贫—返贫—再扶贫"的怪圈。基层党组织一定要把扶志扶智放在扶贫开发工作的重要位置，在扶志扶智上下足功夫，才能起到事半功倍的效果。

一、领导关怀，催化为扶贫开发的动力

2017 年 3 月 27 日，河南省召开新闻发布会，宣布兰考正式退出贫困县，兰考成为河南首个脱贫"摘帽"的贫困县。兰考，是焦裕禄精神的发源地，摆脱贫困是以焦裕禄同志为代表的兰考共产党人为之奋斗了几十年的夙愿，是全体兰考人民的殷切期盼。2014年，第二批党的群众路线教育实践活动中，习近平总书记将兰考作为联系点，一年之中，两次到兰考指导工作，希望兰考县委努力践行焦裕禄精神，走出一条决胜贫困之路。遵循总书记的嘱托，兰考县委、县政府郑重许下了"三年脱贫、七年小康"的承诺，带领兰考党员干部，以焦裕禄精神为动力，补强"精神之钙"，筑牢"作风之基"，把脱贫攻坚作为头等大事和第一民生工程，切实做到扶真贫、真扶贫、真脱贫，围绕"六个精准"，综合施策，靶向治疗，成功实现了贫困退出。

焦裕禄——人民的好公仆

兰考脱贫攻坚纪事（一）

兰考脱贫攻坚纪事（二）

实事求是是我们党的思想路线，重视调查研究、坚持群众路线是我们党的优良传统。在扶贫开发这个重大问题上，党和国家的领导人多次到基层进行调研活动，通过实地了解问题的现状、成因等，作为重大方针政策的决策依据。中央领导人到某地调研，体现了领导人对基层群众的关怀，可以说是一次宝贵的精神激励，同时也是一笔宝贵的精神财富。基层党组织要善于利用这种精神因素，来促成扶贫开发工作的完成。

◤ 总书记视察下的压力与动力效应

党的十八大以来，就扶贫开发领域，习近平总书记已经多次到基层考察调研。每到一地，习近平考察就像冬春之际的送暖东风，给当地的干部群众以莫大的精神激励。之所以说是冬春之际，就是因为，这种东风固然有暖意，但毕竟尚处于冬末或者出冬未久，暖意上还罩着一层寒意。在湖南省花垣县十八洞村的党员干部看来，顶着总书记曾经视察过的光环，十八洞既有动力，也有压力："原地踏步"不行，"吃小灶""栽盆景"也不行。可贵的是，他们在动力与压力的双重作用下，领导村民完成了从脱贫到致富的跨越。

习近平考察湖南贫困村

总书记考察调研的激励作用有多大？一件普通人看来并不起

十八洞村远景

幸福人家农家乐

眼的小事就可以反映出来。2013 年，看到总书记视察的新闻，在外打工的施全友跟孔铭英一道，回到十八洞，办起村里首个农家乐。地道的农家饭，价廉味美，几乎天天都有游客上门。最为火爆的是节假日，老人们上阵当帮手，依然忙得团团转。最多的时候，一天接待了 130 多个客人，足足 10 大桌。这是总书记考察对村民影响的一个侧面。

尽管面临着压力和动力，但十八洞村党支部也注意到了总书记考察的正面效应，对脱贫致富充满了信心和干劲。无论压力也好，还是动力也罢，脱贫的目标是一样的。原驻村扶贫工作队队长龙秀林说得更明白："关键看有没有按照总书记的指示，探索出可复制可推广的经验。"在驻村干部的帮助下，十八洞村党支部对照着总书记的指示，从精准确定扶贫对象开始，向贫困宣战。在识别贫困户环节，他们制定了"七步法和九不评"，精准识别出贫困人口542人，而且家家服气。

　　十八洞村由4个自然寨合并，长期有着合并村的通病，村合心不合，劲难往一处使。在总书记视察的光环下，村支"两委"和工作队从拆"心墙"开始，通过举办过苗年、赶秋、主题画展、篮球比赛等各种文化活动，让全村村民参与，有意消弭原自然寨的界限。针对村里公益事业受阻的情况，工作队搬来了道德评价的办法，通过每季度村民互评模范家庭，提高了村民的文明素质与参与公共事务的热情。如今，只要涉及村里的公益事业，斤斤计较的现象少了，主动参与的村民多了。村道拓宽，材料和设备由工作队筹措，投工投劳全部由村民们上。村民施进兰，放弃在外每月6000多元的打工收入，回家竞选村主任，口号让人热血沸腾："有钱没钱，拼上三年！"

苗年上的鼓舞

　　对于广大干部群众来说，领导关怀是一个非常重要的激

群众互相打分，评选思想道德星级

励因素。十八洞村的巨变，也充分证明了这一点。正如驻村干部龙秀林所感受到的，扶贫首先得扶"精气神"，外部建设还须从"脑子里的建设"开始。帮扶是外力，作用再大，如果内力不积极，干了也等于白干。在总书记考察的激励下，十八洞村党支部与村民们形成了"十八洞精神"：团结一心、克服困难、自力更生、建设家园！而这，势必成为十八洞村脱贫致富的强大思想武器。

◤ "困难大，决心更大"的延安答卷

总书记每到一处，都会给当地人带来莫大的精神激励。面对"3个国家级贫困县，6个省级贫困片区县"的巨大压力，中国革命圣地延安的党员干部群众，以"困难大，决心更大"的精神状态交出了一套延安答卷，在扶贫开发工作中走在了前面。"三块块石头两片片瓦，山沟沟里条件实在差。党和乡亲一起动，幸福日子乐开了花……"一首陕北信天游，非常形象地刻画了延安人民脱贫致富奔小康的喜悦之情。

2015年2月13日，习近平总书记来延安和乡亲们过大年，并在延安召开陕甘宁革命老区脱贫致富座谈会。延安迅速行动、精准扶贫，严格按照农户申请、村组评议、乡镇核实、县区审定、县乡村三级公示的程序，展开扶贫对象全面精准核查。精准识别出真正的贫困人口后，再分析出致贫的根本原因，汇总形成"贫困户有档案卡、村有册、乡有档、县有精准的信息系统"。最后，精准识别出延安全市贫困人口4.54万户、10.87万人。秉着对人民、对历史负责的态度，站在扶贫开发工作新起点上的延安人，郑重宣告："2018年在全国革命老区中率先脱贫！"

摸了底，然后就是行动。延安以政策体系建设为基础，先后制

定出台了两个指导性文件，配套形成了全市精准扶贫工作政策体系，涵盖了教育、医疗卫生、公共文化、社会保障等各个方面，绝不留死角。其中，针对因病残贫困占53.6%的严峻现实，延安特别制定出台贫困人口慢性病救助办法、集中供养贫困对象具体保障办法以及贫困人口救助兜底管理办法，对无法依靠产业扶持和就业帮助脱贫的贫困家庭，实行政策性保障兜底，解决他们的基本生活问题。兜底兜住了希望，也激发了贫困户脱贫的信心。延长县交口镇驮岔村59岁的村民刘建武多年来患有精神病，肢体行动也不方便，妻子因患有风湿病失去劳动能力，家庭没有任何经济来源。"这几年，老刘每年光看病吃药就得花费2万元，幸亏遇上了好政策，今后的日子才有希望！"

为了不辜负总书记的嘱托，延安充分发挥基层党组织的作用，建立了一个覆盖全面、功能健全的基层党组织扶贫体系。全市选派了1910名优秀党员干部担任贫困村"第一书记"，37470名市县区

省农业厅选派的第一书记安宁（前排左三）为宜川县曹家庄村建设网上学堂

■ 黄龙县核桃开发管理局技术人员为精准扶贫户提供就业技能培训

党政企事业单位干部进村开展联户扶贫，实现了全市991个贫困村，村村有驻村工作队，户户有包扶责任人。同时，纪检部门对帮扶问效问责。延安市纪委与各级扶贫部门经常组织明察暗访，对工作不力、措施不实，特别是不作为的镇村直接责任人进行问责和组织处理，并要求立即整改。

产业扶贫也是延安答卷的重要一项。针对有能力的贫困户劳动力，延安围绕发展林果、棚栽、养殖等特色产业，由县乡负责开展实用技术培训，确保贫困家庭至少一名劳力掌握1—2门致富实用技术，至少参与一项种植、养殖、设施农业等增收项目，从而实现"就业一人，脱贫一户"的目的，激发贫困户脱贫致富的内生动力。同时，延安还建立了市县乡村四级扶贫培训体系，市负责包扶干部的培训，县负责贫困学生就业培训，乡镇负责农村青壮年培训，村负责留守妇女和老人培训。在培训方式上采取上门宣传、集中培训、现场讲解、典型引导、现身说法等培训形式，最终达到贫困户人人参训，户户受益。全年累计培训贫困人口 6.5 万人次。

扶贫开发是一项补短板工作，也是一项兜底性工作，是一项经济任务，更是一项重大的政治任务。总书记的到来，更是强化了这一点。扶贫工作，是党的奋斗目标的重要组成部分，是党的宗旨的内在要求。对于领导干部来说，就像陕西省委常委、延安市委书记徐新荣所表态的，必须"以强烈的政治责任感和高度负责的事业心，上下齐心，精准发力，坚决打赢这场攻坚战，决不让小康路上有一个贫困人口掉队"。

▶ 用好总书记的"扶贫策"

在基层走访调研扶贫开发情况时，总书记也会针对当地的实际提出若干意见。这些更加明确的指导意见，往往更能鼓舞干部和

■ 临夏地形地貌

习近平2013
年春节前夕看望甘
肃困难群众

群众。甘肃临夏回族自治州东乡族自治县高山乡布楞沟村，就因为四年前习近平总书记的走"亲戚"吸引了人们广泛的关注目光，也因为总书记的"扶贫策"而迅速脱贫，成为引领甘肃脱贫攻坚的示范村。更重要的是，当地干部群众的精神面貌也发生了根本性的变化，从"站着看、等着扶"变成了"要苦干、不苦熬"。

布楞沟是个极度干旱的地方。年降水量290毫米，年蒸发量却高达1490毫米。十年九旱，四季缺水。布楞沟人吃水，除了靠水窖积蓄雨水，还得到几十里外的镇子上拉水，一吨水加上运费，成本足有120元。一年下来，最节省的家庭光水费也要花五六百元。水贵如油，村民们用水往往是先洗菜，再洗脸，最后存起来给牛羊喝。有了水，才会有希望。总书记走访时，也明确提出"要把水引来"。总书记的到访以及明确的指示，给当地的干部群众带来了希望。甘肃省委主要领导多次到布楞沟村调研，帮助村里出主意、想办法，将布楞沟流域锁南、沿岭等6个乡镇、22个村、4663户、23614人全部纳入集中连片扶贫开发。布楞沟村安全饮水工程建设一步到位，埋设引水管道15公里，建成蓄水池7座，清澈的自来水流进了农家院落。村民马麦志兴奋地说："过去拉一趟水的费用，现在足够一家人吃上一年的水啦！"吃水不发愁了，村民生活方式都有了变化，许多人家添置了洗衣机。

处于山区，修路自然很重要，这也是总书记的嘱托之一。布楞沟，东乡语意为"悬崖边"。"上去一山又一山，下来一沟又一沟"。行路难，是村民心中仅次于干旱缺水的第二件难心事。作为对口扶贫单位，中石化伸出援手，为布楞沟硬化村道20公里，水泥路从高山之巅铺到布楞沟沟底，把沟里沟外连成一片，同时硬化的还有布楞沟流域通乡通村道路 5 条，解决了沿线 6 个乡镇、22 个村、2.3 万多名群众的出行问题。这是方便群众之路，也是脱贫致富之路。布楞沟人因地制宜，积极建设美好家园。山顶上，植树造林 5750 亩，云杉、油松、刺槐和红沙柳苗木播撒着翠绿；大田里，近千亩坡耕地退耕还林，村民们栽植的皇冠梨、花椒、包核杏等经济林花果飘香；山腰间，机修梯田 3600 亩，土地蓄水保墒，旱作农业增产增收。

布楞沟村进行植树造林

以养羊为主的畜牧养殖业，是布楞沟村主要扶持的富民产业。前些年，村里养羊最多的马建英也只养了 16 只羊。现在，政府扶持圈舍修建，发放养殖贷款，羊群一下子就扩大了。马建英养的羊增加到 220 只，全村存栏羊已达数千只。为了解决村民产业发展资金紧缺问题，布楞沟村建立了村级产业发展互助社，采取财政扶贫资金"铺底"，农民自主自愿入股，吸收企业注资，再加上慈善机

布楞沟村新硬化的道路

构和社会捐助的模式。

　　生活水平的提升和改善，进一步激发了布楞沟人脱贫致富的信心和决心。外出的游子，开始回乡创业了。32岁的马达吾德，土生土长的布楞沟人，17岁时离开家乡，给人养羊、打工，2015年初回到村里，办起了自己的养殖场,6栋暖棚圈舍，共养羊1600只。常年在外打工的马阿力木，也回到村里以参股的形式养羊。"每入股1万元，分红2200元。"他入股5万元，一次分红所得就相当于打工一年挣的钱，更重要的是，再也不用离开家，让妻儿留守了。

　　总书记的到来，给布楞沟带来了关注和资源，也带来了脱贫致富之策。布楞沟党支部和群众受益于此，并由此转变了对贫困的看法，开始变得有目标、有奋斗、有梦想。正如《人民日报》所指出的，从"站着看、等着扶"到"要苦干、不苦熬"，布楞沟村村民的内生动力被唤醒了，对美好生活的希望被点燃了。内生动力的唤醒，意味着简单输血式扶贫的怪圈被打破，自我造血才是脱贫致富的根本所在。

二、扶贫扶志，激发贫困户的致富梦想

"虎瘦雄心在，人贫志气存。"贫穷本身并不可怕，可怕的是自己以为命中注定贫穷或一定老死于贫穷的思想。近年来，开发式扶贫、输血式扶贫、造血式扶贫、移民式扶贫、就业式扶贫、引进产业式扶贫等各种扶贫举措声势浩大，让不少贫困户走上了脱贫致富的道路。但也有部分贫困户尽管一直受帮扶资助，至今却仍未摆脱贫困。除了自然条件等客观限制外，这部分贫困户"等靠要"的思想可能起着更为重要的作用。也正是因为这个原因，扶贫先扶志已经成为扶贫开发工作中的一个基本理念。只有从思想上让贫困户改变安于现状、不思进取、不劳而获的状态，才能为其他物质扶贫提供保障，最大限度发挥物质扶贫的效果。

▶ 致富典型，激发群众脱贫志气

善于抓典型，让典型引路和发挥示范作用，是我们党重要的工作方法。实践证明，抓什么样的典型，就能体现什么样的导向，就会收到什么样的效果。在扶贫开发工作的推进过程中，在解放思想、扶贫扶志的实践中，基层党组织也要善于抓典型，通过先富人群的活生生的案例，来激发广大群众脱贫致富的信心和勇气。河南省封丘县王村乡小城村党支部通过村民老郭致富的案例，给广大贫困户上了一课。

近年来，随着国家扶贫力度的加大，低保等公共福利也成为不少困难群众争夺的重要目标。封丘县建档立卡贫困户1.86万户5.8万人，是国家级扶贫开发重点县，各种扶贫福利更是"可观"。该县对因病、因残等 7 种致贫原因分门别类，采取"1+2+N"帮扶模式，即每户 1 名帮扶责任人，2 项以上扶持政策，家庭成员每人 1 条帮扶措施。拿老郭来说，安排公益岗位，每月挣 400 元；孙子享受教育补助，每年 1000 元；儿媳转移就业卖手机，每月工资 1500 元。全家享受人身意外险、医疗补充险，阻断"因病致贫"。不少贫困户固守政府给予的福利，但老郭却总想让出去："脱贫靠劳动，不能躺在'政策温床'上！"并且，他以实际行动，让周围的乡亲们震撼了一把。

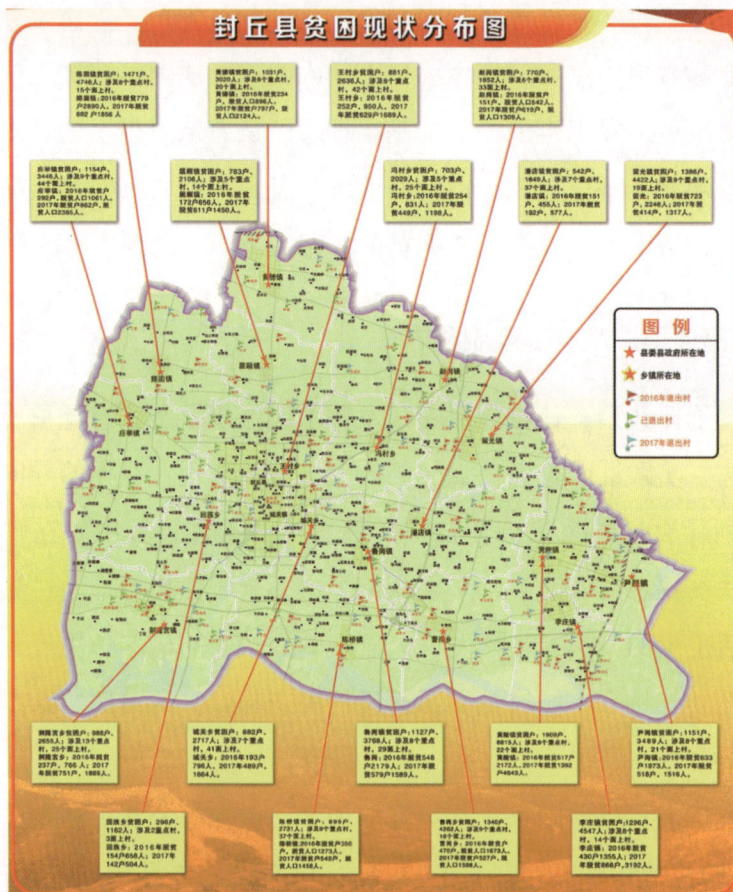

封丘县贫困现状分布图

　　老郭叫郭祖彬，今年56岁。年轻时并不穷，开四轮，拉红砖，日子过得去。没承想，儿子3岁患病，摘除脾脏，手术费花了1万元。老郭把积蓄拿出来，勉强渡过难关。10年后，儿子再次病发，做心脏搭桥手术花了6万多元。这回老郭借遍"村里一条街"，才凑够医药费。为了还钱，他到天津打工六七年，窟窿没补上，还落下脑梗病。乡邻们忧心地说："老郭脱贫——猴年马月的事！"别人这么说，老郭却不这么认为。他注意到县上的产业扶贫政策，户均可享产业扶贫资金8000元，并且想借着这次政策东风，依靠双手让自己的生活更美好。当村支书郭祖良选定种植中药材，请来中医药大学教授测土、配方，老郭得知后，第一个报名。

　　2016年4月，是种地黄的最佳季节。可这时麦子已长到腿窝，首批报名的50户农民看不到效益，谁也舍不得铲麦子。老郭的老伴儿着急了："万一出不来苗，地黄收不着，麦子也毁了。"老郭则认为："村支书一心为咱，能把你带到沟里？"第一批示范户共10户，种了50亩，老郭种了4.5亩。半月后，地黄没出芽。村民议论，老伴数落。老郭一天到地头转几遍，悉心照料。40天，地黄出齐，一地绿色。老郭长出一口气，心里石头落了地，但人也瘦了18斤。

　　"万一种不成，咋有脸见乡亲？"村支书郭祖良压力更大。为了最大限度防控风险，他请专家"把脉"指导，成立种植合作社，

地黄收获后喜悦的郭祖彬

与安徽企业达成协议，以优惠价回收药材，让农民吃上定心丸。在地黄收获的季节，村党支部组织贫困户到安徽找市场，一方面找销路，另一方面，也让贫困户感受下市场的力量。见中药材需求旺盛，更多贫困户以土地入股，加入合作社。如今，合作社3种药材种植共计400多亩，明年将扩至1000亩。依托中药材产业，村里将建中药材展馆，开设中医疗养一条街，发展"养生小城"特色游。

榜样的力量是无穷的。和空泛的扶贫宣传相比，老郭的账本更生动，更形象，更容易理解。在老郭看来，4.5亩药材，纯收入1.8万元。自己在合作社打工，月工资1500元；老伴在合作社除草、浇地，可挣500元；儿子开车耕地，也能收入3600元。加上养猪，全家年收入5.6万多元，家里6口人年人均纯收入9300多元。毫无疑问，这是一个让人艳羡的数字。

▶ 平台推进，增强脱贫内生动力

典型示范是扶贫扶志的重要方面，但单靠典型案例的推动作用，仍然处于扶贫开发的初级阶段，带有很功利的思维，容易走极端。因此，扶贫扶志时，政府的经常性教育也很重要。并且，政府主导的经常性教育，涉及扶贫政策、技术推介、典型示范、产品买卖等各方面，往往能更全面呈现扶贫开发工作的情况，从而有助于贫困户了解更多的信息，不仅对其固有的观念产生重大影响，还可以协助他们找到行动的方向方法。海南省办起脱贫致富电视夜校，变"要我脱贫"为"我要脱贫"，成为扶贫扶志的典型。

2016年11月18日晚，海南省脱贫致富电视夜校首播，海南省委副书记李军负责第一堂课，对全省5000余名帮扶干部和11.6万户贫困群众开班宣讲。开宗明义，李军实打实讲了脱贫致富电视夜校的六大好处：一是了解和掌握国家的帮扶政策；二是学习种植、养殖技术；三是把农产品更好地卖出去；四是获取就业信息；五是提供求助热线；六是为困难群众当红娘、当媒婆。

为了配合海南的小额贷款扶贫政策，夜校也专门安排海南省农村信用社联合社副主任陈奎明讲了一次课。他用通俗易懂的语言，把贫困户申请小额贷款的相关内容讲得明明白白。这堂课共有74667户贫困户收看，效果出人意料，很多平时上门服务都不愿搭理的贫困户，课后主动打扶贫热线咨询贷款信息。从小额贷款的发

海南省脱贫致富夜校成立新闻发布会现场

海南省脱贫致富电视夜校课堂现场

放来看，电视夜校的作用立竿见影。

夜校开播前，海南农信社对5.8万户建档立卡贫困户入户调查显示，大家对小额贷款"并不怎么感冒"。陈奎明分析认为，真正有需求又不愿意贷款的，大概分三种：一是觉得贷款"高大上"，不懂怎么申请，怕麻烦；二是觉得自己很穷，既没有担保人又没有抵押物，不相信有金融机构愿意给他们发放贷款；"最后一种上来就问要不要还，明确表示要还就不贷，不用还的钱才贷，这种情况还真不少。"

海南脱贫致富
电视夜校

节目播出后，这种情况改观不少。截至2016年12月28日，海南省农信社累计收到"961017"服务热线工单385单，其中申请贷款192单，已有66户获贷放款，金额135.3万元；109户正在受理中，金额118.6万元。节目播出前，农信社每周受理发放建档立卡贫困户贷款约200户，播出后增至300户，贷款主要用于种植养殖、农产品加工和购买生产必需品。

为了扩大扶贫扶志的效果，海南还配合电视夜校开通了服务热线和钉钉管理。每次上课1小时后，各村都有半小时讨论时间，还可以针对现实难题向专家提问。对此，万宁市委书记张美文形象地说："既有'门诊通道'，又有'私人定制'；既有专家'上菜'，又能群众'点菜'，脱贫方案更容易精准到人。"同时，节目播出时间之外，广大干部和群众还可以拨打"961017"服务热线，得到权威部门权威人士的专业回答。钉钉管理则是一个签到管理系统，确保了干部群众的听课率。

比贫穷更可怕的事情是什么？是一些贫困家庭"穷怕了""穷垮了"，不管别人怎么帮，不愿试也不敢试。扶贫扶志，就是要改变这种状态，通过扶贫政策的宣介、精神激励等，培育和增强贫困群众脱贫致富的勇气和信心。海南开办脱贫致富电视夜校，为贫困户提供零距离脱贫服务，有效地改变了贫困群众的精神状态，成为落实精准扶贫、精准脱贫的重要抓手。这种平台的推进，通过精心设置课程、互动模拟演练，确保帮扶干部和贫困户学有所获、学以致用、学能脱贫、学可致富。

▶ 发挥支部优势，全方位多环节扶志

扶贫扶志。精神扶贫，不是扶贫开发的单一环节，而是贯穿于整个扶贫开发过程中，体现在每一个产业链上、每个合作社，也体现在扶贫工作的动员、过程的管理、成果的分配等多个细节当中。这就要求，基层党支部要充分发挥支部领导核心的优势和作用，把精神扶贫贯穿于扶贫开发工作的方方面面，让全方位、多环节都洋溢着积极向上的脱贫斗志，形成团结一致、共同向上的扶贫工作氛围与风貌。广东省陆丰市八万镇下葫村党支部，在深圳市经济贸易和信息化委员会的帮助下，实现了精神扶贫与物质扶贫相得益彰的良好效果。

下葫村地处群山之中，共有贫困户68户，贫困人口321人。2013年，深圳市经贸信息委挂点帮扶该村时，村集体经济收入为0元。深圳市经贸信息委克服贫困村产业基础薄弱、村"两委"战斗力不强、贫困户脱贫欲望不大等困难，实施"一户一策"，精准扶贫，经过三年帮扶，贫困户人均收入达8920元，村集体经济年收入达10.5万元，荣获广东省优秀帮扶单位称号。

抓好村"两委"班子建设，从转变观念入手促作风改善。帮扶之初，部分村干部、贫困户存在安于现状的心理，对各项工作不积

■ 下葫村原貌

■ 下葫村新貌

极、不主动。该委协助修缮村委办公场所 300 平方米，完善各项制度和工作公开栏，定期组织学习。"两委"班子能力、觉悟全面提升，主动承担起脱贫攻坚任务，耐心细致做好贫困户思想工作、研究实施产业计划，宣传党的扶贫政策，以诚恳的态度和实际行动换取全村老百姓理解和支持，贫困户摒除"等靠要"思想，一心一意谋发展。

产业扶贫，以实效激发贫困户的脱贫激情。下葫村山区水资源丰富，适合开展水产养殖，于是利用 45 亩山坡荒地引进水产龙头企业进行投资。一开始，很多村民不理解、不配合。但是，随着效益逐步显现，村民们开始主动让出土地，帮助修通道路，积极参与到产业扶贫当中去。在此基础上，下葫村党支部发挥行业优势，申请成立葫峰种养专业合作社，建设超级水稻示范基地和菠萝种植基地，带动贫困户开展农产品种植、生猪养殖。修建陂头、水渠、排洪沟，为产业发展提供坚实保障。先后组织 6 次以上农技和非农培训，共计 900 多人次参加培训，转移剩余劳动力 30 人，实现农业规模化、收入多元化。

让扶贫福利惠及所有村民，进一步巩固了精神扶贫的成果。在深圳市经贸信息委的帮助下，下葫村党支部注重普惠项目建设，发挥普惠项目的优势，修路修桥，消除了洪水造成的出行安全隐患；铺设太阳能路灯，方便群众夜间出行；修建垃圾池、公厕，解决困扰下葫村多年的垃圾遍地问题；针对一些特别困难户进行重点帮扶，解决他们的实际困难。

此外，深圳市经贸信息委还充分发挥社会化扶贫机制，不断壮大扶贫力量，形成全社会帮扶、贫困户努力的良好社会氛围。动员企业家、爱心人士赴下葫村考察投资，实现专项扶贫、行业扶贫与社会扶贫相结合，尤其重视对社会各界力量的动员和社会扶贫资源的整合，共吸引和带动社会资金近千万元。其中，中华印务公司援建下葫小学 2 层教学楼、赠送 1000 余册书籍和印刷设备，并设立长期奖学计划。社会各界的积极参与，进一步增强了下葫村村民脱贫致富的决心和信心。

扶贫扶志之所以重要，就在于志的激发，可以为整个扶贫工作注入强劲的动力。正如马克思所说的那样，批

鱼塘养鱼养鸭

判的武器当然不能代替武器的批判，物质力量只能用物质力量来摧毁；但是理论一经掌握群众，也会变成物质力量。扶贫扶志就是精神扶贫，就是要通过观念的更新把贫困户武装起来，使之成为脱贫致富的支柱力量。当然，物质扶贫与精神扶贫并不是割裂的，而是相互促进共同推动的辩证一体关系。从这个意义上，精神扶贫贯穿于扶贫开发的每一个环节，每一个环节的前进都将为精神扶贫积累能量。

三、扶贫扶智，为脱贫致富插上翅膀

精神扶贫，重视人的主观能动性很重要，同时，也要提高人的能力，也就是说，不仅要扶志，还要扶智，这就是"授人以鱼不如授人以渔"的道理。在全国人民正在为全面建成小康社会的奋斗目标而努力的今天，在中国生产力已经实现跨越式发展的今天，在区域发展不平衡的背景下，扶贫开发必须重视科技的力量。基层党支部应该把科技扶贫放在重要位置，普及科学技术知识，提高科学素养，培育工匠精神，增进技术能力，让第一生产力充分释放。

▶ 支部＋科技公司，因地制宜谋发展

科学技术是第一生产力。那么，科学技术在哪里？科技型企业，无疑是科学技术的大户。基层党组织与科技公司合作，通过盘活贫困地区的资源，实现多方共赢的方式，已经在不少地方进入实践领域，甚至运作模式也比较成熟。福建省政和县铁山镇东涧村党支部依托科技公司的力量，大力推进科技扶贫，书写了扶贫扶智的一段佳话。

农技人员帮助花农解决技术难题

东涧村花卉基地党员结对帮扶贫困户示范片

东涧村距政和县城 5 公里，面积 3 平方公里，农户 221 户、841 人，党员 38 人，曾经是比较有名的贫困村。2012 年，在外经商、不牵扯村里宗族纠纷的胡光生返乡挑起村委会主任的重任，年轻、有干劲的团支部书记范厚彪当选村党支部书记。新一届村"两委"带领党员群众发展特色现代农业，在花卉等产业链上创建党组织，依托科技力量积极打造"花海东涧"，实现了脱贫致富的目标。村财政收入从 2012 年的零收入到 2015 年的 25 万元，农民人均纯收入 9530 元，较 2012 年增长 52.3%，带动 25 户贫困户、81 名贫困人口实现脱贫。村党支部也因此被评为省级"先进基层党组织"。

东涧村走科技扶贫的第一步，就是发挥党支部 + 科技公司的双重优势，创新理念、整合资源。村党支部引进福建欣和农林科技发展有限公司，通过"企业投入为主、上级补助一点、部门整合一点、镇村配套一点"的办法，整合项目资金 2620 万元，创办东涧大棚花卉基地。为解决花卉基地生产用地问题，党员胡雪贵第一个带头拆除自家鸡舍，致富带头人谢家富主动拆除自家后院，村党支部采取"反租倒包"的办法，仅用 1 个月时间便集中流转土地 960 亩，并按照每亩每年 600 斤干谷价格出租给企业，村民每年从村集体获取租金 60 多万元，村集体每年通过租金差价可增收 12 万元。

第二步，党支部建在产业链上，注重科技服务。村党支部按照"产业趋同、规模适度、方便灵活"的原则，把党组织设在产业链、专业合作社或协会上，先后成立流通、茶叶、花卉、烟叶等 4 个特色产业党小组，把党员致富能人和入党积极分子聚集在农业产业链上，带领群众经营大棚、发展乡村游，带动村民脱贫致富。同时将党员和入党积极分子按技能专长成立 4 个"土专家"服务队，对农业生产实行产前、产中、产后"1+1"跟踪帮扶服务，形成"一个党小组、一面旗帜、一个产业基地"的格局。

第三步，村企联动，分类施策。村党支部按照"支部＋公司＋基地＋农户"模式，由村集体负责建设大棚及花卉种植管理，企业帮助垫付种苗、农资生产成本，并提供技术指导、负责产品销售。目前，东涧村花卉基地种植面积已达1000亩，每年可为群众创收500多万元。积极与欣和公司签订合作协议，村集体以20亩土地、20亩大棚折抵60万元，占企业股份的3％，村集体每年通过分红可得8万元。

东涧村扶贫的成功秘诀，简单来说，主要有两个基本要素。一是人，即人力的调配与整合，这一点，通过基层党支部取得了成功；二是科技，这一点则由科技公司承担，充分发挥了科技公司的优势。科学技术的发展，对基层党组织提出了重要要求。东涧村创新党组织设置，将党的组织和工作向产业链等新兴领域有效延伸，为党组织在更广泛的空间发挥作用创造了有利条件，同时也为科学技术的传播与扩散提供了组织保证。

依托职业院校，扶贫与教学两不误

职业院校一直是科技兴农、科技扶贫的主力，而且，职业院校，特别是与农业发展相关的专业学院，拥有农业发展的前沿知识，对促进贫困地区农业产业结构的调整升级、农民增收等，具有重要意义。在扶贫扶智已成为扶贫开发基本常识的当下，辽宁农业职业技术学院农学园艺系第一党支部作为学院基层党组织示范点，充分发挥教师自身的专业优势，在扶贫攻坚战中切实发挥堡垒作用，助推农民脱贫致富，实现了扶贫与教学两不误，成为科技扶贫的又一典型案例。

■ 卜庆雁老师（右）为盖州市九寨镇农户指导

■ 辽宁农业职业技术学院辽峰葡萄避雨栽培示范园

辽宁农业职业技术学院葡萄示范基地接待农户参观

　　农艺系第一党支部以卜庆雁和赵铁梁老师为带头人，通过对辽宁营口地区果业发展的现状和存在的问题进行实地摸底调查，查找果业增产不增收的主要原因，对当地贫困户致贫原因进行认真分析，并积极同当地政府和专业合作社合作，认真研究产业发展方向，制定帮扶计划和帮扶方案，确定了在营口周边地区坚持以葡萄产业发展为主，特色农产品销售为辅，协调发展带动区域经济发展的产业路径，尽快解决贫困对象脱贫和增收问题。

　　树样板，搞好项目建设示范。为助推扶贫工作真正取得实效，让农民看得见、听得懂、摸得着、学得会，农艺系第一党支部在校内建立了以辽峰葡萄生产实训基地为核心的生产项目示范点，老师们通过在示范点进行科研项目研究与推广，取得了辽峰葡萄避雨栽培模式及配套栽培关键技术研究与推广等成果，并推广到农民葡萄生产实践中。随着"学生"们的口口相传，到学院"取经"的企业和果农们越来越多，每天都有好几批人带着对富裕生活的美好向往来学习考察。支部全体党员放弃休假，吃在基地，休息在基地，每天热情接待前来参观、学习、咨询技术的企业或果农，至今已达几千人次。通过积极打造示范基地，为广大果农指明了方向，带来了真正的实惠。

组队伍，强化科技兴农力量。针对营口周边果业发展现状及农民生产中存在的问题，农艺系第一党支部以书记卜庆雁为核心，成立了科技兴农技术服务团队。服务地点原来主要以营口为主，后逐渐扩大至辽宁省、全国，服务形式有田间地头实地指导、电话、QQ、微信等等，尤其是定期到农户家中实地指导，切实为农民解决了生产实际中的问题，帮助他们增产提质增收，深受农民的称赞。

办培训班，面对面传授致富技能。为切实帮助农民转换思想，脱贫致富，自2016年4月以来，农艺系第一党支部教职工党员已累计为全省各级各类培训班培训学员千余人。

发本子，推进专业技术传播。卜庆雁和赵铁梁老师编写了葡萄优质高效生产技术、图说葡萄栽培关键技术和辽峰葡萄生产技术等图书和小册子，免费发放给有需要的果农和有需要的来访者，累计达500余份。

此外，农艺系第一党支部还通过建立科技扶贫档案卡等方式，针对每位农户具体情况，进行个性化指导，帮助他们制订生产计划和销售计划，重点扶持周边十余家技术缺乏、经济较差的果农，并实行不定期上门服务。

农艺系第一党支部全方位的科技扶贫方式，产生了十分可喜的效果。一方面，帮助农民树立科学的管理方法与经营理念，如葡萄栽培，经过培训让农民懂得了打药的时机与效果，提高了果品质量和销售价格；另一方面，通过科技兴农，大力开展职业技能培训、农业实用技术培训、葡萄栽培技术培训、辽宁省农民技术员培训、农民科技带头人培训、基层农业技术人员培训和新型农民培训等，培养了大量的实践型人才，进一步提高了贫困农户自我发展能力。

▶ 基层党组织＋民间能手，因地取材创富路

随着市场经济的深入发展，一些传统手工业迎来了发展的春天。尤其是一些民间能手，通过自己的聪明才智，把传统手工转化为市场需求，既推动了传统手艺的传承，又解决了勤劳致富的问题。民间能手是扶贫扶智过程中十分宝贵的智力资源之一。基层党组织不应忽视这一群体的优势，而应积极为他们创造平台和条件，发挥他们在脱贫致富过程中的作用。新疆维吾尔自治区昌吉市延安北路街道金陵社区党委，借助新疆少数民族善于编织的优势，建成以"共居共学共乐共事"为主题的"民族互助巧手坊"就业基地，搭建扶贫帮困、技能培训、民族交融平台，形成了"一基地＋三平台"模式，找到了金陵社区贫困户的脱贫之路。

金陵社区由维、汉、哈、回等 11 个民族组成，2180 户 4643 人。常年有 260 余人无固定就业渠道，存在贫困家庭就业难、残疾人就业难、少数民族就业技能弱和在家闲居妇女多的现状。金陵社区党委摸清家底后，量身打造了"巧手坊"。社区党委分五组对"两难一弱一多"的居民开展入户走访摸底调查，将有就业意愿、缺乏就业技能、收入不稳定和残疾就业困难人员登记造册，针对 54 名重点帮扶对象中 20 余人有编织、刺绣技能的特点，社区党委分析研

特色手工艺人现场技术帮扶

判、因地制宜,将原有 330 平方米旧办公楼更新改造为集"就业 +
培训 + 教育"一体化综合服务楼,建成"民族互助巧手坊",坊内
有产品展示销售区、技能培训室、加工制作间等,为帮扶人员免费
提供编织、刺绣、手工艺品制作的场所。社区党委通过宣传动员、
就业公告、结对帮扶、现场观摩等形式发动群众,让她们走进巧手
坊,开辟了社区精准扶贫的新路子。

基本情况摸清了,巧手坊也建成了,接下来就是技能培训了。
金陵社区党委一方面挖掘 20 余名特色手工艺人,对 13 名残疾人和
就业特困户开展"一对一"技能帮扶,使其学习掌握编织基本技
能。另一方面利用培训补贴政策,邀请专业培训机构,举办培训班
12 期,已有 95 人熟练掌握手包、拖鞋、毛衣、坐垫、沙发巾、床
罩、民族服饰等手工编织技能;同时邀请企业技术人才,开展市场

热门小手工艺品和订单式培训，企业一边开展技能培训指导，一边下订单，使就业者既掌握技能，有事干能增收，又让企业减成本增效益，实现了互利双赢。

为了保证巧手坊的健康运行，在筹建巧手坊的前期，社区党委就建立了巧手坊管理中心，委派专人服务管理，就小手工艺品的市场前景进行可行性调研，同时就运行管理模式、市场开发等方面多方征求意见，形成了比较成熟可行的方案。在管理运行上，实行社区党委搭平台、抓监督；在市场运行方面，与新疆新天彩服装服饰公司、新疆小商品市场经销商签订合作协议，实现"坊企"联手运行模式，同时，以实体店＋网络销售的模式，实现多元化销售；在收益分配方面，实行计件制，多劳多得。

基层党组织＋民间能手的方式，充分利用了各方优势，也调

巧手坊展示区整体面貌

动了各方的积极性，产生了良好的经济效益和社会效益。"巧手坊"这一社区小工坊运行半年内，举办了两次巧手大赛，共完成 12 批订单 280 余件服装配饰制作，完成 1200 余件小手工艺品制作，向企业输送熟练技工 254 人次，实现 73 名贫困人员、15 名残疾人就业，受益人人均增收 1600 元。通过巧手坊平台，多年困扰社区的"两难一弱一多"现状得到明显改善，居民得到切切实实的实惠，对社区的满意度、认可度得到提升，社区干部的"腰杆子"硬了、说话有人听了、干事有人跟了，邻里关系和睦了，各族居民相处更加融洽了。对于民族地区，这种扶贫扶智的方式具有一定的借鉴意义。

第三章
结对帮扶，党员牵引真脱贫

作为最基本的扶贫方式之一，结对帮扶是以先进带动后进，优势带领劣势的一种优势群体帮助扶持相对弱势群体的形式和手段，是社会主义本质的内在要求。习近平总书记强调，要切实做到精准扶贫，就要做到每个贫困村都有驻村工作队，每个贫困户都有帮扶责任人。在扶贫开发实践中，不少地方开展的党员结对子、"党员中心户""党员爱心岗"等，都是好办法。从帮扶数量来看，可以是一对多、多对一、多对多；从帮扶主体和对象来看，可以是个人对个人，也可以是单位对单位，还可以分片、分区，等等。各地形成的一些制度性经验，尤其值得学习借鉴。例如，《人民日报》登载的一个报道，云南临沧市南美乡"党建、扶贫双推进"，党员结对帮扶，手把手服务，从一个九成人口生活在绝对贫困线以下的穷乡，变成了"南部边疆美丽明珠"，令人振奋。

一、帮扶发挥作用，贵在支部优势

一个地区的帮扶政策落实怎么样，关键还是看基层党支部。党支部能够根据情况采取对路的帮扶措施，结果就会群众满意、组织有力；反之，如果基层党支部不作为，党员等帮扶作用也会随之大打折扣。之所以说，党组织是贫困群众的主心骨，原因就在这里。这就要求基层党支部善于调查研究，一方面搞清楚贫困状况，另一方面也要搞好帮扶状况，然后在两者之间建立良好的联系。知己知彼，才能百战百胜。

▶ 精准帮扶助力精准扶贫

贫困人口多、贫困面积大、贫困程度深浅不一，是全国层面扶贫开发面临的基本情况，往往也是各地面临的基本情况。这也是扶贫开发由粗放扶贫到精准扶贫转变的基本依据。帮扶作为精准扶贫的一个重要环节，同样需要精准，对帮扶对象精准调研，对帮扶主体精准了解，对帮扶措施精准管控，对帮扶资金精准管理，对帮扶责任精准落实，等等。只有做到了精准，才能有效统筹调度扶贫力量，确保扶真贫真扶贫，不漏一户不落一人。山东省东明县陆圈镇马军营村党支部精准帮扶，分类施策，在扶贫开发中取得了良好的效果。

马军营村共有 410 户，人口 1774 人，其中贫困户 46 户，党员 31 名，耕地 2570 亩，种植无公害大棚蔬菜 1600 余亩。在扶贫开发工作大力推进的过程中，村党支部根据贫困户的贫困程度和致贫原因，因户制宜、量身定制帮扶方案，按照"一人一个办法、一户一个路子"思路，采取一帮一、一帮多、多帮一等多种方式，由村两委干部、种植大户、年富力强的党员负责帮包贫困户，每人至少帮包1户贫困户，结对帮扶，责任到人，不让一名贫困群众掉队。

一是对有劳动能力、有意愿种植大棚蔬菜的贫困户，村党支部为其减免承包费，帮助协调贷款，指派专门技术员指导传授种植技术，几年来，先后帮助42户群众脱贫致富。2010年，村民梁红宾因身患癌症，家里为了给他看病，欠下近20万元的债务。梁红宾去世后，撇下妻子郝红瑞和3个未成年孩子、七八十岁的公婆，生活十分艰难。为帮助郝红瑞摆脱困境，村党支部帮她免费承包了两个温室蔬菜大棚，让她农闲时在村合作社蔬菜包装车间打工，使她有了稳定的收入来源，消除了悲观情绪，恢复了对生活的信心。

蔬菜大棚

村"两委"会带领群众定期学习种植知识

精准扶贫就业厂房

5年来，她不仅还清了所有的债务，还花了6万元盖起了三间新瓦房，郝红瑞说："我干这6年大棚，不但把账都还完了，还翻盖了新房，这都是村支部帮的俺。"

二是对有劳动能力、年龄稍大的贫困户，村合作社为他们提供就业岗位，在村合作社大棚种植基地和包装车间务工，每年工资收入2万余元，解决了15户贫困群众的后顾之忧。并且，全村贫困户以2亩责任田、10年时间（相当于1万元现金）的形式入股参加合作社，对贫困户额外每年提高20%分红等一系列帮扶措施，使每名贫困村民每年增收约5000—10000元。

三是对年老体弱、鳏寡孤独贫困户采取资金、生活帮扶的方法，由村党支部每年定期为他们送去慰问金、食用油和面粉，保障贫困户正常生活。合作社的壮大，客观上壮大了村里的财力，这些为普惠式帮扶创造了物质条件。

　　不管做什么，都要一切从实际出发，结对帮扶也不例外。该村党支部创办的卫吉蔬菜合作社共发展社员 1220 人，先后带动周边 10 余个村 200 余户贫困户加入合作社抱团发展，形成无公害大棚蔬菜标准化生产基地 1600 余亩，蔬菜年产量达 3000 万

斤，菜品已经输送到北京、济南、郑州各大超市，成效喜人。马军营村的扶贫新模式，之所以能够取得良好的效果，与马军营村党支部的"分类施策、精准发力"密不可分。正是分类施策，充分发挥了不同人群的优势，同时又兼顾了一些特殊人群的特殊之处，最大限度地调动了各方的积极性。

▶ 授人以渔，让帮扶更有效

　　自古道，授人以鱼不如授人以渔。扶贫开发工作尤其要注意"鱼"和"渔"的区别，这也是多年扶贫的经验教训。对于贫困群众来说，简单的输血式扶贫当然需要，这种外援是扶贫工作的重要组成部分。但是要从根本上摆脱贫困，需要贫困群众改变观念，拥有脱贫致富的技能。在扶贫开发工作推进的过程中，基层党组织一定要善于把授人以鱼与授人以渔结合起来，把帮扶效果发挥到最优状态。江西省石城县琴江镇长乐村自力更生脱贫的故事，就生动地演绎了这样的结合。

　　长乐村现有贫困户 74 户 233 人，主要集中在 8 个村小组及原大源片，他们生活在饮水难、行路难、发展难的深山区，经济发展严重滞后，生产生活十分困难。长乐村党支部书记陈愿兴，通过授人以渔的帮扶措施，探索出移民转移就业扶贫新模式，把本村打造

成全县转移安置就业综合示范区和移民安居创业"新乐土"。

"3+1+N"的帮扶模式,是陈愿兴带领村民脱贫致富的密码所在。具体来说,就是县、镇、村三级各 1 名党员干部定向跟踪服务 1 户移民创业户,每个创业户带动若干移民户并安排若干贫困户劳力就业,形成"干部服务、企业联动、移民参与"同步致富发展模式。建立了移民户家庭劳力就业状况台账,实现用工信息互通、市场信息共享。组建了转移就业扶贫协会,协会按照"培训一人、就(创)业一人、脱贫一户"的目标,深入开展农业适用技术和转移就业技能培训,变"被动式"培训为"菜单式"培训,提高贫困户自身"造血功能"。

■ 长乐村支部书记陈愿兴向贫困户宣传精准扶贫政策

如何让"3+1+N"的帮扶模式发挥最大威力?陈愿兴最先想到的就是充分发挥当地的优势,因地制宜发展贫困户参与度高、成熟度高的区域优势产业。特别是积极招商引资,为了让企业落户村里,陈愿兴勇挑重担,努力为投资者铺平道路,协调土地流转、厂房建设等问题,先后引进了华欣包箱厂、昱欣鞋厂等 7 家以鞋材、电子、包箱为主的无污染劳动密集型企业，为村民提供就业岗位。

引进企业后，陈愿兴趁热打铁，积极发挥党支部在扶持生产和就业发展中的引领作用，由村党支部领办、党员牵头，分别组建了金叶烟草合作社、朝荷白莲合作社，一方面，把全村有劳动能力的村民组织起来，让他们通过土地流转、资金入股、劳务用工等形式，全部融入产业，抱团发展；另一方面，合作社的发展也使集体财政有了保障，有助于全村普惠式福利的保障。

在党支部的带领协调下，"3+1+N"的帮扶模式收到了良好的扶贫效果。如今村里的贫困户由原来靠山吃饭变成了靠能力、靠技术、靠智慧吃饭。企业为村民提供就业岗位 152 个，其中安置移民和贫困户就业 97 人，劳动力月平均工资 1800 元左右。同时，2 个合作社的成立，大大加快了群众脱贫致富的步伐，贫困户通过自己种烟、莲以及土地流转、劳务用工等渠道，大大增加了收入。"3+1+N"的帮扶模式充分发挥了党员干部和创业户的积极性，同时通过招商引资与合作社的建立，让贫困户也参与到扶贫开发工作中来，成为脱贫致富的内在动力。

▲ 支部结对，让帮扶更有力

在帮扶扶贫的过程中，不仅有党员帮扶贫困户的情况，还有先进支部整体帮扶带动后进支部的情况。鉴于党支部在整个扶贫开发工作中的重要性，以整个支部的力量对贫困地区的党支部的直接帮扶，可以说抓住了扶贫开发工作的牛鼻子，对于推进扶贫开发工作的意义不言而喻。四川省成都市龙泉驿区蒲草村党总支结对帮扶拖坝村党支部，共同研究制定《结对帮扶实施方案》，帮助转变了观念、建强了班子、发展了产业、走向了富裕。

2016年6月14日，蒲草村主任龙伟康甘孜行，与拖坝村签订结对帮扶协议书

拖坝村是典型的藏区贫困村，人均纯收入不到3000元，全村186户中就有贫困户33户。2015年来，龙泉驿区大面街道蒲草村党总支与该村党支部进行结对共建，主要开展4个方面的结对帮扶：

开展班子队伍帮扶，着力提升带领发展能力。立足率先转变村干部观念，从帮扶开始就实施干部人才交流培养工程，拖坝村先后选派3批次10名村组干部和后备干部，到蒲草村进行为期20天的挂职学习，亲身感受和参与蒲草村葡萄产业发展，学习农业产业发展知识技术。两村党组织采取座谈、走访等方式，常态开展互动交流，围绕促进村民增收致富，共同总结新经验、探究新方法、破解新难题，促进党组织之间资源共享、优势互补，增强双方党组织凝聚群众、服务群众，引领发展、服务发展的能力。

开展党员群众帮扶，着力提升自我发展能力。蒲草村党总支将结对帮扶拖坝村贫困户，纳入"两学一做"学习教育实践，积极动员党员在扶贫济困中当干事先锋，在自愿报名基础上，遴选60名家庭条件较好、致富能力较强的党员，与拖坝村30户困难群众结成"1+1""N+1"帮扶对子，搭建辖区企业爱心捐赠服务平台，常态开展资金、物资、技术、思想等帮扶。

开展特色产业帮扶，着力提升造血发展能力。立足帮助拖坝村做大做强村域产业、促进村民增收致富，蒲草村党总支支持拖坝村党支部6万元，帮助拖坝村建立农业合作社，并派专人全程指导合作社的运行和发展，提升了组织化经营程度；蒲草村先后组织10名"土专家""田秀才"，远赴拖坝村，在田间地头开展种植培训，让他们开了眼界，学到了实用种植技术；蒲草村将紫皮土豆、人参果等土特产纳入自己合作社的成熟销售渠道，帮助解决销售难题。

开展教育事业帮扶，着力提升未来发展能力。蒲草村拿出5万元，在拖坝村设立"蒲草励志奖学金"，对品学兼优、家庭贫困的拖坝村中小学生和当年考取大学的学生实行定额奖励，让学生不因贫困而辍学；开展"拖坝学生成都行"暑期夏令营活动，每年组织拖坝村15名中小学生代表，到蒲草葡萄生态园等现代农业基地、菁蓉·天府卧龙谷等创新创业基地、四川大学等高等院校、武侯祠等爱国主义教

2016年8月10日，"拖坝学生成都行"暑期夏令营赴洛带古镇参观学习

2016年9月8日，蒲草村结对帮扶甘孜拖坝村励志奖学金发放

育基地参观学习，开阔视野，引导学生树立远大志向；双方分别遴选15名中小学生结成对子，通过书信等方式交流学习经验、心灵感悟，实现相互鼓励，共同追梦、逐梦、圆梦。

支部结对是广大基层党组织在扶贫开发工作实践中的创造，有助于利用整个支部的优势，在组织、资源、产业等方面实现全方位帮扶对接，从而让帮扶工作更有力，最终保证扶贫开发目的的达成。四川省成都市龙泉驿区蒲草村党总支结对帮扶拖坝村党支部，既有组织带动，又有干部示范，既有精神扶贫，又有物质扶贫，既注重外在帮扶，也注重内在激励，有效提升了拖坝村党支部组织和带领群众脱贫奔小康的能力和水平。

二、抓好致富能手，全力推动帮扶

致富能手是扶贫开发工作的重要依靠力量。在扶贫开发工作中，致富能手的作用主要有二：一是率先示范，作为先富人群，从精神上告诉人们通过自己的聪明才智可以致富；二是帮扶带动，即通过自己的能力、资源等，直接帮助贫困群众脱贫致富。基层党组织在推进扶贫开发工作时，一定要抓住、抓好致富能手这个群体，充分发挥致富能手的示范效应和帮扶带动作用，全方位推进贫困群众脱贫致富。要加大对党员带头致富、带领群众共同致富的支持力度，力争每个有劳动能力的党员都有脱贫致富项目，每个贫困村都有党员致富带头人。这样聚点成片，以点带面，就能产生强大的示范辐射效应。

发挥党员旗帜作用，帮助乡亲脱贫致富

一个党员一面旗帜。在扶贫开发工作中，坚守党的先进性，践行党的宗旨，全身心投入到为贫困群众脱贫致富而奋斗的实践中，是每一个共产党员的责任和使命。对于那些有能力、率先致富的党员干部，尤其应该坚守党员意识，为扶贫开发做更多的工作。作为扶贫开发工作推进的重要主体，基层党组织一定要善于发挥党员尤其是党员中致富能手先锋模范作用，通过他们的带头示范和带动帮扶，力争把扶贫工作做得有声有色。

海南定安县龙湖南科食用菌有限公司，是在村合作社的基础上发展起来的民营企业，公司负责人吴孔利既是公司发起人，也是该公司党支部书记。在三年多的时间里，吴孔利带领家乡群众，不畏艰难，艰苦创业，通过引进先进技术，大力发展食用菌产业，公司由小变大，由弱变强，成为省内名列前茅的大型食用菌生产企业。目前，公司已建成12个现代化食用菌栽培大棚，年创利润超过5000万元；同时，吸纳周边农村劳动力230人加入公司参加生产，带动了91户困难群众脱贫致富，成为扶贫攻坚实践的一面光辉旗帜。

1991年，21岁的吴孔利从部队复员，被分配到定安牙膏厂工作。期间，因工作积极、任劳任怨，多次受到上级表扬。2012年，

由于牙膏厂的转让合并，42 岁的吴孔利失去了工作，成了一名下岗工人。面对人生道路的巨大变化，他没有怨天尤人，而是一如既往，时刻以一个党员的标准严格要求自己。他回到自己龙湖镇居丁村的老家，发现村里许多年轻人都去了城市打工，家里只剩下了老人和小孩，不少土地撂荒严重，而且村民的生活也较为困难。作为一名共产党员，他看在眼里、牢记在心，并开始思考应该为村民做点什么。

机缘巧合之下，吴孔利了解到海南师范大学生命科学院的专家团队已成功完成了食用菌栽培试验，但还需要生产基地进行中试。他意识到这是一次难得的机遇，立刻与专家们进行联系，商谈合作事宜，并一鼓作气，与村里几位农民成立合作社，共同筹借了 30 万元，全部投入到蘑菇基地建设，开始了创业的尝试。他们在租赁的 20 亩山地上搭起了蘑菇大棚，并辟出 20 平方米的地方布置了一间简陋的办公室。在这个时候，吴孔利仍然不忘自己共产党员的身份。他在办公室里悬挂起党旗和国旗，时刻提醒自己所肩负的责任·

蘑菇

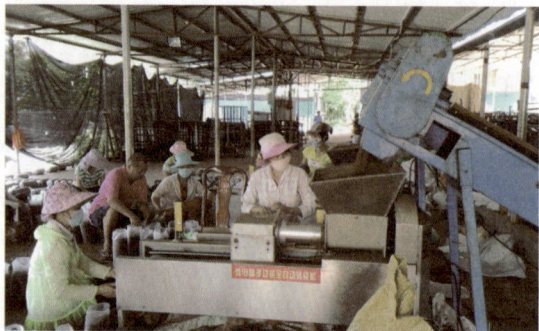

吴孔利指导工人们进行操作

县工商局党委派员指导工作

与使命。

基地建设基本结束，蘑菇生产也随之上马。很快，基地迎来了蘑菇丰收的一刻。不幸的是，还没有等到收获，超强台风"威马逊"不期而至。台风过后，基地一片狼藉，设施设备遭受重创，丰收成果瞬间毁灭得一干二净。

上级部门了解到吴孔利同志的实际困难后，决定对其进行帮助。按照非公党建联络站制度，县工商局党委派驻专人，担任南科食用菌公司的党建指导员，建立了直属县小个专（小微企业、个体工商户及专业市场）党委的党支部，扶持企业建设和发展。同时，还就公司的实际情况召开专题讨论会，分析市场情况。在县小个专党委的帮助下，公司申请到第一笔10万元的贷款用于重建基地，仅用2个多月的时间，第一批蘑菇投放市场，不仅还清了贷款，还得到了可观的收入。随后，公司如滚雪球般发展，至2016年，发展到

1300 亩基地，1.7 万平方米现代化大棚，年产值 3000 多万元的规模。

随着产业的发展，事业的成功，收入的增多，吴孔利并没有满足，也没有停止前进的步伐，他还有更高的目标要实现。他牢记党员义务，并以实际行动，逐步实施他惠及乡邻的计划。蘑菇生产基地周边有几个村子，由于历史等多方面的原因，长期以来，发展受限，群众生活也不富裕。村子里大部分的家庭中仅有空巢老人和留守儿童，生活上普遍较为困难，其中也不乏贫困户。了解到这一情况后，吴孔利打算招揽这些家庭的外出务工人员回乡，帮助他们开展食用菌生产，不仅能使他们在家门口就业，兼顾家庭，而且也能增加收入，可谓两全其美。吴孔利的这一想法得到了"小个专"党委的大力支持。通过上级部门以及公司上下的宣传、周边村委会的配合，陆续有 300 余人返回家乡。在公司以及吴孔利本人的耐心帮助下，他们中的不少人学会了食用菌栽培技术，种植蘑菇开始显现效益，带来了可观的收入。仅吴孔利本人所在的村，49 户每家安排一人进厂当工人，一年的工资收入达到 180 多万，可谓让整个村走上了小康之路。

近期，为了实现扶贫项目产业化、扶贫资金股份化，县委、县政府和镇委、镇政府安排 329 户建档立卡贫困户以每户 5000 元，共计 164.5 万元入股龙湖南科食用菌有限公司，每年每户贫困户分红不低于 500 元，并优先安排贫困户就业，每月工资不少于 2400 元，且每天安排一顿午饭，来企业打工的贫困户比其他员工每月多加 100 元生活补贴。公司现正在培训 50 户贫困户，准备近期安排就业。

发挥企业家的优势，撬动社会资源帮扶

在扶贫开发的实践中，注重能人帮扶可以说是一个重要经验。

除了发挥组织优势，动员党员先帮扶起来外，不少地方还进一步把"能人"的眼界拓宽，注意到了企业家这样一个群体。他们不仅自身有活力、有干劲，而且还有更多的帮扶资源。如何让这一群体为扶贫开发助力？为打好扶贫攻坚战，彻底解决"年年扶贫年年贫"的问题，新疆维吾尔自治区巴州焉耆县积极探索引进企业家担任"村官"，从全社会各领域招募政治上有觉悟、经济上有实力、社会上有影响、事业上有成就、对"三农"工作有热情、参政议政有能力的"六有"企业家，结合村"两委"换届，是党员的担任村党总支书记或副书记，不是党员的担任村委会主任助理等，走出了一条帮扶致富的新路。

2016年5月，中菲酿酒有限公司总经理纪昌峰作为第一批企业家"村官"，被正式任命为焉耆县七个星镇霍拉山村党总支副书记，帮助霍拉山村理清发展思路，解决村集体经济薄弱、农村增收较难等问题。2016年该公司拟出资1000万元，用于七个星镇和霍拉山村扶贫开发工作，根据七个星镇和霍拉山村实际，制定了《中菲酒业结对帮扶霍拉山村工作方案》，主要围绕三项重点工作，落实帮扶举措。

一是教育扶贫，致力于打牢扶贫的基础。七个星镇呼尔墩村教学点原有校舍、设施已无法满足教学需求，由中菲酒业投资100万元重建后，可容纳学生200名左右，可以解决哈拉木墩村、乃木墩村和呼尔墩村适龄儿童就近入学，同时可以解决葡萄基地外来务工子女入学问题。

二是产业扶贫，创建脱贫实体。霍拉山村村委会将乌尊其格养殖专业合作社回收，引进中菲酒业进行经营管理，由该公司对原有圈舍进行改扩建和标准化建设，并为村集体和农户注入资金购买生

■ 中菲酒业捐赠 100 万元重建呼尔墩村教学点

产奶牛，采取"公司＋合作社＋农户（村委会）"和分红的经营模式，壮大村集体收入和实现农户增收致富。在中菲公司的帮助下，霍拉山村整合土地资源，新建218亩的蔬菜采摘园，实行统一采购、统一销售、统一培训，实现由分散耕种向规模经营的发展、传统农民向产业化的转变，农民获取收入的方式也从单一的耕种收入变为土地租金、务工薪金和分红股金等多重来源。发展乡村旅游业（农家乐），也是产业扶贫的重要项目之一。中菲酒业投资50万元，通过新建、改扩建的方式发展农家乐33户。

三是劳动力转移扶贫，确保全覆盖。增加教育培训力度，提高贫困群众素质，对于"等、靠、要"思想严重，通过课堂讲解、观看电教片、实地参观学习等办法措施，全面提高农民特别是贫困农民的文化综合素质，加大富余劳动力转移力度，依托中菲酒业把农村劳动力就近转移。七个星镇霍拉山村党总支副书记纪昌峰上任后，在中菲酒业为霍拉山村村民提供20个就业岗位，以每月3000元的标准发放工资，同时解决食宿。

随着社会主义市场经济体制的建立和日益完善，企业家已经成为中国社会最有活力的一个群体，也成为打赢脱贫攻坚战的重要力量。焉耆县基层党组织以民营企业热心公益事业为切入点，发挥民营企业在精准扶贫中的示范效应和广告效应，一方面提升了企业良好的社会形象，促进了企业长远发展，另一方面，也让民营企业家们为农民致富拓展新路子，为农村经济发展指出新方向，使基层党组织建设转换新面貌，真正成为带领贫困群众脱贫致富的"主心骨""领头雁"。在这个过程中，基层党组织充分发挥了企业家们"经济顾问"的作用，利用人才、渠道和平台等方面的优势，采取资金扶持、项目引进、科学援助等多元化"造血式"帮扶措施，带动农民群众致富，引领农村产业发展，最终达到村企"互利双赢"的目的。

◤ 发挥企业力量，全方位帮扶落后

企业家的帮扶，背后是企业。企业家的帮扶更进一步就是企业帮扶。与企业家以个人名义帮扶不同，企业帮扶可以称之为带有集团性质的大规模兵团作战，具有全方位帮扶的特点与优势。因此，企业帮扶在扶贫开发工作中的重要性更加明显，对于整个扶贫开发工作的作用也更加不可忽视。新疆维吾尔自治区喀什市英吾斯坦乡墩艾日克（3）村党支部在新投集团驻村工作组的帮助下，因地制宜选准养鸽产业，充分发挥公司（投资人）的带动示范作用，以"村党支部＋投资人＋贫困户"的模式推动了脱贫工作的开展。

喀什市英吾斯坦乡墩艾日克村是一个以维吾尔族为主的民族聚居村，全村 622 户 3011 人，现有 262 户 1132 人生活在贫困线以下。2016 年，新疆投资发展（集团）有限责任公司第三批驻村工

股东分红大会

作组通过入户走访和召开党员、"四老"人员、宗教人士、村民代表、团员青年、贫困人员座谈会，全面调查摸底，决定发展鸽子养殖产业：养鸽子的生产周期短、资金需求小、市场缺口大、收益较稳定，而且，全村80%

新投集团驻村"访惠聚"工作队与喀什市英吾斯坦乡墩艾日克村共同开展"手拉手、民族团结一家亲"主题活动时合影

以上的农户家中都有鸽子，这里的环境条件优、群众基础好，具备发展规模化养殖的独特优势。

产业方向确定了，接下来就是具体的帮扶措施。工作组与村"两委"反复讨论和论证，最终确定了以"混合所有制"模式引导社会资本组建鸽业公司，以"村党支部＋投资人＋贫困户"的模式，实行村党支部牵头、投资人经营、贫困户入股（工作组扶持资金），建立分工合作、责任明晰，互相监督、互相制约、有奖有罚机制的运作模式。2016年4月，工作组以新投集团112万元帮扶资金为种子资金，引进新疆丹沙中福贸易有限公司作为投资方，吸引了（3）村306户（其中，262户贫困户由新投集团配额2400元/户扶持资金入股，17名村干部带头入股）和（4）村182户（新投集团配额2200元/户扶持资金入股）农民入股，成立了喀什市六盘水磨鸽业有限责任公司。

一方面，投资人为当地发展提供了资金，占地28073.92平方米的鸽业养殖基地、疾病预防保障工作、项目后期的屠宰车间、冷链车间等先后付诸建设实施，围绕鸽子的全产业链养殖基地正在形成；另一方面，投资人还扮演着致富能手的角色，负责向农户提供种鸽、饲料、防疫、技术、销售等全产业链服务，带动农民主动发展庭院养殖，农户仅提供劳动力，负责"养"即可，还可通过年终分红受益。这种"利益共享、风险共担"的"公司＋农户"模式，大大地调动了农户的积极性，极大地推动了当地的扶贫开发工作。

从当地扶贫开发的实际来看，相较于单个致富能手而言，企业则类似于超级致富能手。不仅有技能，还有资金、经验、市场等多重优势资源。鸽业养殖基地旁5小队村民库尔班江·阿布都卡迪是发展庭院集约笼养鸽子的"带头人"，2016年3月，工作组帮助他引种80对白羽王，并按照全产业链发展要求，给他提供饲料、药物、技术服务。在南疆的气候条件下，鸽子每年有近10个月的生产期（除2个月的换羽期），年经济效益比较稳定和可观。而除了库尔班江这样的"带头人"，还有众多的追随者，他们都在"致富能手"的帮助和带动下，走在了致富奔小康的路上。

三、重视制度建设，帮扶持久有力

国家管理靠法律，项目管理靠制度。制度化，意味着秩序、可重复，是对经验的提升和总结，从而有助于提高效率、保证效果。而且，制度有根本性、全局性、稳定性、长期性的作用。从扶贫帮扶的角度看，一个良好的帮扶制度，可以让帮扶经验迅速推广，从而有助于帮扶工作的稳步推进，也有助于贫困群众的有序脱贫。在多年的扶贫开发工作实践中，不少地方总结出了很多有益的经验，摸索出了一套帮扶扶贫制度，成为扶贫开发工作的重要财富。

◤ 党员中心户制度，帮扶有办法

一个党员，就是一面旗帜。旗帜在哪里，方向就在哪里，责任和使命就在哪里。在扶贫开发的实践中，广大党员牢固树立党员意识和执政为民意识，深刻理解共产党员是一个崇高的称号，牢记党员要求，履行党员义务，自觉发挥先锋模范作用，成为扶贫开发的重要推动力量。一些基层党组织牢牢抓住这一点，创设了党员中心户制度，充分发挥党员中心户的辐射作用，让党员中心户成为脱贫攻坚任务中的一个个战斗堡垒，把党中央的帮扶政策落到实处。安徽省铜陵市枞阳县会宫镇党委建立党员中心户引领精准扶贫机制，充分发挥"党员中心户"示范带动作用，丰富了结对帮扶的形式，书写了一段"产业扶贫、智力扶贫"的佳话。

党员中心户制度，试点先行。一是搭建结对帮扶平台。党总支通过调研，征求广大党员和贫困户意见，制定了《会宫村"党员中心户"结对帮扶贫困户方案》，分别在党总支会议和党员大会通过。二是划分贫困户类型。将全村在册贫困户划分为因病因残致贫户、因学致贫户、缺技能致贫户和缺资金致贫户等类别，并予以公示。三是评选党员中心户。通过党员自荐和群众推荐相结合的方式，在村范围内选出了 32 户党性观念强、积极热心、乐于奉献、能力强的党员家庭为"党员中心户"。四是结成帮扶对子。组织"党员中心户"认领贫困户，与他们结成对子，发挥自身的优势，细化帮扶措施，限期带领贫困户脱贫。

安徽：决胜脱贫攻坚，全面小康不落一人

提升推广，制定制度保驾护航。鉴于会宫村"党员中心户"结对帮扶贫困户工作效果明显、群众反映良好，镇党委对这一做法进

党员中心户结对帮扶助力脱贫攻坚

大棚蔬菜种植帮扶　　纺织服装帮扶　　经营农副产品帮扶　　木材加工帮扶

生活救助帮扶　　送学上门帮扶　　土猪养殖帮扶　　种植技术帮扶

会宫村"党员中心户"引领精准扶贫

我村在"两学一做"学习教育中，充分发挥"党员中心户"的示范和带动作用，通过党员自荐和群众推荐相结合的方式，在全村范围内选出32户党性观念强、积极热心、乐于奉献、能力强的党员家庭为"党员中心户"，分别联系3-10户困难群众，广泛开展结对活动，进行产业扶贫、智力扶贫，形成了"合作社+贫困户"、"能人大户+贫困户"等产业扶贫模式共同致富新路子。目前，我村在党员中心户的带动下创办了"本猪养殖协会"、"苗木栽植协会"和"大棚蔬菜种植协会"等多个协会，辐射带动村民致富108户，种植养殖产业已初步形成规模。

会宫村党员中心户结对帮扶贫困户一览表

■ 会宫村"党员中心户"结对帮扶助力脱贫攻坚

行了梳理，并征求了其他村党组织和部分党员意见，出台了《会宫镇"党员中心户"引领精准扶贫工作机制》，要求全镇各村把"党员中心户"结对帮扶贫困户工作作为"两学一做"学习教育载体，作为村级党建工作的主抓手，明确了"党员中心户"引领精准扶贫工作的"发挥党员引领，助推群众脱贫"主题。同时，会宫镇党委强化考核，把"党员中心户"结对帮扶贫困户工作作为各村党建工作年终考核和村党组织书记"一诺双评三激励"考核的主要内容，对此项工作落实不力、成效不明显的村，不予评为先进基层党组织和优秀村党组织书记。

多种形式帮扶，提升工作成效。自实施"党员中心户"结对帮扶贫困户工作以来，会宫镇共有 199 户党员中心户共联系 664 户困难群众家庭，开展多种形式的帮扶活动。资金雄厚的党员中心户与因病因残因学致贫户结成对子，捐资助学济困；外出务工创业党员中心户与有技能但缺资金贫困户结成对子，带动就业创业。党员中心户通过开展产业扶贫、智力扶贫，逐步带动贫困户脱贫致富，形成了"合作社＋贫困户""能人大户＋贫困户"等产业扶贫模式的共同致富新路子。

党员中心户制度的核心是党员，而这一制度的建立则渗透着我们党的优良传统，体现着实事求是、一切从实际出发的原则。一般来说，党员的先锋模范作用是一个比较笼统的概念，是对党员的本质性规定。安徽省铜陵市枞阳县会宫镇党委把党章对党员的一般规定与扶贫开发的实际结合起来，探索到了一条让党员彰显党性的方式，进而党组织的形象也随之鲜活了起来。党组织——党员——贫困群众的关系由此得以理顺，脱贫致富顺理成章。

◤ 支部一带多，帮扶有思路

帮扶有一对一，也有一对多，有个人对个人，也有组织对组织。从帮扶效果看，一对多的帮扶形式更能够实现并取得良好的扶贫效果，其中制度的因素往往比较凸显。这是因为，普通的经验只有上升到制度层面，才能更容易进行复制和推广，才能做到事半功倍。福建省南安市梅山镇蓉中村党委就是这样一个先进的基层党组织，他们把自身的发展经验形成了一套帮扶制度，并在帮扶过程中证明了这一制度的有效性。

蓉中村位于全国著名侨乡南安市梅山镇南部，全村土地面积1平方公里，耕地面积500亩，分为10个村民小组，现有人口3014人。2007年蓉中村党总支升格为村党委，下辖5个党支部，现有党员149名。2016年，蓉中村实现工农业产值13.85亿元，村集体经济收入230万元，农民人均纯收入2.43万元，在全民致富奔小康中走在了前面。为了响应党的精准扶贫号召，蓉中村党委2012年5月和2014年6月，分别与甘肃武山县北顺村、会宁县钟家岔村、福建寿宁县下党村开展"村村结对帮带"活动，充分发挥党组织的引领作用，大力实施"换脑、育种、造血、夯基"四大工程，促进三个村因地制宜抓发展，脱贫致富奔小康。

蓉中村党委书记为北顺村村民讲解脱贫致富的经验

实施"换脑"工程，更新观念。由蓉中村党委书记李振生带队到北顺村、钟家岔村、下党村，先后召开党员大会、村民小组会15场次，入户走访群众360多人次，宣传讲解蓉中村创业精神、发展理念和成功经验，引导当地干部群众克服"等、靠、要"的思想，树立自力更生、敢想敢干、团结奋斗的新思想。分3批组织北顺村、钟家岔村、下党村党员干部、村民代表、村级后备干部到福建蓉中村、水头村等市场竞争意识浓厚、发展经济意识强烈、创业氛围好的地方参观，进一步更新观念、开阔视野。

实施"育种"工程，培训骨干。蓉中村党委创新"1+11"扶贫培训模式，提升贫困村青年村民创业致富能力。"1"即让参训学员脱产在国务院扶贫办贫困村创业致富带头人培训基地（蓉中村）参加为期1个月的集中培训。"11"即采取"师傅带徒弟"的方式，由创业导师对参训学员返村创业继续进行指导帮扶、跟踪服务11个月，帮助解决创业难题。

实施"造血"工程，落实项目。蓉中村党委帮助北顺村确立发展蔬菜主导产业，已建成日光温室668座、塑料大棚300座、蔬菜冷藏库1座，并负责联系销售渠道；帮助钟家岔村按照"支部＋公司＋农户"模式，重点扶持100户养羊专业户，辐射带动全村所有农户。与下党村组建"寿宁县蓉党投资发展有限公司"，注册资金100万元，蓉中村全额投入，下党村负责协助管理和营销，该公司利润的15%归下党村集体所有。

实施"夯基"工程，建强组织。蓉中村党委把建强结对村党组织作为重点任务，进一步优化党组织设置，指导北顺村党支部升格为党委、钟家岔村党支部升格为党总支。目前两个村10家符合组建条件的企业已全部组建党组织。帮助3个村建立能人信息库，党组织跟踪联系培养，从中发展党员、储备后备干部。

蓉中村的"换脑、育种、造血、夯基"四大工程，在对三地的帮扶中得到了实践的检验，鲜活地展现了制度化后的经验力量。实施帮扶后，北顺村、钟家岔村、下党村摘掉了贫困村和"空壳村"的帽子，北顺村、钟家岔村集体经济收入均超过 30 万元，下党村集体经济收入达 22.3 万元。北顺村农民人均纯收入提高到 9160 元，钟家岔村农民人均纯收入提高到 7830 元，下党村的农民人均纯收入提高到 6000 元。而且这种帮扶制度很快就在被帮扶对象中间实施了起来。被帮扶村的 56 名党员和 160 多位参训学员成为当地脱贫致富的重要动能之一，通过直接帮扶群众、创办小微企业等方式成为群众致富的领头雁。

▶▶ 三管齐下，帮扶有力度

基层党组织、党员在帮扶中扮演着非常重要的角色。不论哪个地方，要想让帮扶取得预期成效，都需要充分发挥基层党组织和党员干部的积极性。对于基层党组织和党员干部来说，他们既是扶贫开发的管理者，负责组织和领导扶贫工作的实施，又是被管理者，同样是整个扶贫工作的一个环节。在大力落实精准扶贫的实践中，安徽省池州市石台县小河镇九步村党支部通过制度创新，组织分片、党员引领、政治保证三管齐下，实现了帮扶有力度，脱贫有气度。经过两年多的努力，完成脱贫 111 户，脱贫人口 382 人，将贫困发生率降至 1.16% 以下。

组织分片明确责任。该村致力于提高村干部的工作能力，坚持"两委"成员每月至少谈心交心一次，及时发现问题并加以解决；坚持"走出去"，先后赴党建先进村和经济发达村学习取经，开阔

驻村工作队与村"两委"上门核实贫困户情况，帮助贫困户逐户制定发展措施

视野；坚持工作例会制度，每两周召开一次会议，及时学习上级有关文件、相互交流工作，村"两委"成员轮流主持，锻炼组织和工作能力。在此基础上，该村两委成立扶贫工作队，村干部包片和党员包保贫困户相结合，将全村 15 个村民组划成 3 个片区，由村干部牵头负责，组织全村党员与贫困户结对子，建立工作网格，明确包保责任。

党员引领带头示范。一方面，该村党支部制定《党员联系服务群众工作制度》，成立党员联系服务群众工作队，开展"精准扶贫我带头"活动，组织有能力的党员与贫困户结对子；编印《党员联系服务群众工作手册》，对党员帮扶贫困户进行分类指导：有能力的党员带领贫困群众发展生产，共同致富；年老党员定期与贫困户交流，了解生活生产，及时发现困难和问题；在外务工党员及时

扶贫工作队在完善贫困户"一户一档"资料

提供就业等信息，帮助贫困群众实现就业。另一方面，鼓励党员带头发展，把党员培养成生产技术骨干和致富带头人。全村有2名党员注册家庭农场，发展生态种养殖和农家乐；3名党员成立合作社，发展富硒稻种植，带动20余户贫困户发展生态黑猪、林下土鸡养殖及富硒稻种植等，经济效益明显；1名党员成立了工程队，优先为贫困户提供就业岗位。党员成了致富带头人。

创新管理，政治保证。落实"三会一课"制度，提高党员思想觉悟，围绕联系服务群众，开展"两学一做"大讨论，加强对党员的党性教育。党小组围绕加强党性修养、促进脱贫攻坚等定期组织开展学习讨论，实现了党员学习教育经常化。重要的是，实行党员积分制考核，在考核积分中提高党员联系服务群众、带领群众致富的分值，并将其作为民主评议党员和群众评议党员的重点。

三管齐下是帮扶举措的有力保障，有力地促进了该村脱贫致富的步伐。该村党支部和党员干部的帮扶积极性得到了大大激发，党员责任感和使命感明显增强。符合该村实际的"依靠生态环境，引进公司客商，扶持能人大户，发展生态农业，带动群众致富"总思路，"劳动力转移一批、扶持生产发展一批、教育资助一批及社会保障兜底一批"的扶贫具体措施，重点依托大户带动，得到了认真的落实贯彻。贫困户在党支部和党员领导干部的帮扶下，生活越来越好。

第四章
产业扶贫，支部建在产业链

　　脱贫攻坚，重在产业，成在产业。习近平总书记指出，发展产业是实现脱贫的根本之策。要因地制宜，把培育产业作为推动脱贫攻坚的根本出路。在多年的扶贫开发实践中，产业扶贫已经被证明是一项十分有效的经验，是完成脱贫目标任务的重要举措，是稳定增加贫困群众收入的重要渠道。产业扶贫的优势在于，可以帮助贫困地区解决生存和发展问题。相对于救济式扶贫，产业扶贫不仅"授人以鱼"，更重要的是"授人以渔"，从而对贫困地区贫困人群的扶贫实现了由"输血型"向"造血型"的转变。近年来，一些地方探索在产业链建立党组织，鼓励和支持党员领办创办农民合作社、家庭农场，发展特色产业、农产品电子商务，效果很好。特别是在推进产业扶贫的过程中，对于产业生态的建设、产业链的对接以及各种难题的攻坚，基层党组织发挥了不容忽视的作用。

一、产业扶贫，营造良好产业生态环境

西藏发展新高度：守住生态红线，特色产业富民

产业扶贫，是社会生产力发展到一定水平的产物。产业的发展，与工业社会和社会化大生产密切相关，是社会分工细化的结果。对于基层党组织来说，大力推进产业扶贫，首要解决的就是产业生态的问题，如必要的基础设施建设、相应的公共服务等。产业生态是孵化产业的社会条件，良好的产业生态有助于产业扶贫的迅速推进，也是产业扶贫效果的重要保障。

▶ 要想富，先修路

改革开放 30 多年以来，"要想富，先修路"几乎是最响亮的一句口号。不少地区就是在这一口号的指引下，实现了率先发展。对于那些资源型的贫困地区，这一口号同样适用，甚至可能发挥的作用更大一些。因为在经济发展落后地区，交通对于整个经济发展的

山东 12 部门联合推动特色产业扶贫

制约可能更为突出一些，往往成为当地脱贫致富的瓶颈。而不少地区通过修路实现脱贫致富的实践也再次表明了"要想富，先修路"的正确性。山东省栖霞市上桑树夼村党支部，在帮扶部门的协助支持下，把修路当作脱贫致富的头等大事，通过连通外界顺利达到了脱贫致富的目标。

上桑树夼村虽然地处胶东半岛发达地区，但却是个贫困村。村子位于半山腰，进出都是坡，产业进不来，全村 596 人，收入来源

主要靠 1500 亩苹果园。由于村集体没有多少积累，村子在 2015 年以前一直未通公路。因此，上桑树夼村尽管有自己的产业，周围地区也比较发

栖霞苹果

达，但就是因为缺了一条路，自身的产业优势难以发挥，脱贫致富也就比较被动。回忆往昔，上桑树夼村村委会主任曲伟庆倒的那是一肚子苦水："每到丰收年份，老百姓眼巴巴看着苹果堆在地窖，听任上门收购的果贩压价。有些果农尝试自己往外运，因为路面坑坑洼洼，颠簸得厉害，装在农用三轮车上的苹果经常被挤伤、碰伤，'一级果'变成了'二级果'，甚至残次果，价格卖不上去，大伙很是惋惜和心疼。"

这一切，自 2015 年开始改变。随着国家大面积扫贫，上桑树夼村的情况也引发了当地政府的关注，山东省栖霞市国税局与上桑树夼村结成了对子。结对子后，上桑树夼村党支部第一件事就是修路。在国税局扶贫队的帮助下，党支部号召全体党员有钱出钱、有力出力，党员主动参加义务劳动，带领群众找平路面、机打水泥，只用 14 天时间，就建成了长 260 米、宽 4 米的进村公路，僻居一隅的小山村打开了通向外界的坦途。后来，又把村子内部道路硬化了 1600 多平方米。

在村委会主任曲伟庆看来，"这条进村公路为我们拓宽了脱贫路、打开了致富门，村里人都夸，这样的帮扶帮到点子上，扶到

■ 村民正硬化路面

■ 硬化后的路面

根子上"。村民曲海军对此的喜悦之情更是溢于言表，"现在村里的路好走了，苹果在运输时挤压伤减少，价格也卖上去了，今年（2016年）的收入增长非常明显"。2016年，上桑树夼村苹果收购价平均每斤3.5元，曲海军自己的4亩苹果园共收入近6万元，刨去农机化肥的支出，全家净赚5万余元；而在修路前，上门收购苹果的商贩把价格压得很低，最好的苹果每斤才卖2.6元，均价在2元左右。算下来，曲海军自己4亩苹果园的收入比往年多2万元。据估算，上桑树夼村2016年的人均收入，仅通过苹果销售一项，就能提高5000元。

对于产业扶贫来说，无论是产业的培育还是产业发展的维护，交通都是非常重要的一个环节。栖霞市上桑树夼村修路前后的大变化，更是生动地展示了交通的重要性。因为，只有路修通了，内外联系才能打通，本村的产业才能成为整个大市场的一部分，产业优势才能发挥出来，脱贫致富才有保障。而一旦纳入整个市场的产业链之中，市场的力量又会激发村民推动产业优化和升级，从而形成良性循环。对于那些具有资源优势，但仍因为交通制约而难以发挥的，扶贫开发还是应该把路的因素放在首位。

搭建融资平台，为产业扶贫保驾护航

制约产业扶贫效果的因素，也不仅限于交通。从不少贫困地区产业扶贫的经验来看，资金往往是另一个非常重要的制约因素。不少贫困地区不缺人力，土地也不是问题，交通状况也堪称良好，脱贫致富问题就在资金上。在这种情况下，搞好金融服务，产业扶贫才能大踏步地前进。在这方面，甘肃省兰州市榆中县中连川村党支部创办了"支部＋协会"村级发展互助资金，把党组织建在产业链上，把金融平台建在产业链上，为产业扶贫注入了强大动力，促进了全村中药材种植、牛羊养殖和劳务输转等产业的快速发展。

产业扶贫助力村民增收致富

中连川村地处榆中县北部干旱山区，山大沟深，自然条件差，贫困人口多，老百姓盼脱贫、想致富的愿望十分强烈，但是缺资金、贷款难的问题多年来一直没有解决。村党支部一班人看在眼里、急在心上。2007年，甘肃省将中连川村评定为全省整村推进项目先进村，省、县两级奖励资金30万元，市给予50万元的支持。如何用好这些钱，成为摆在村党支部一班人面前的大事情。经过反复商量多次征求意见，村党支部决定把这80万元作为村上的

■ 中连川村道路建设

■ 中连川村新修梯田

发展资金，让它滚动起来！怎么"滚"？就是在村党支部的领导下，创办村级发展互助资金协会，村民自愿入会，一次性缴纳 200 元会费，会员之间相互担保申请发展资金，借款到期按 1.5% 的比例收取占用费，实现滚动发展，不让"资金池中的水干"。经过多年的努力，目前，村级发展互助资金累计借款 162 次 204 万元，先后支持 50 多户贫困群众发展生产或者购买农机具，老百姓亲切地称为家门口的"农民银行"。

互助资金虽然钱不多，但是老百姓关注，一定要确保规范运行。在组织架构上，村党支部在资金协会设立理事会和监事会，党支部书记担任理事长、村主任担任副理事长，有威望的老党员、离任村干部、村民代表组成监事会。在借款对象的确定上，坚持让有发展潜力、没享受过贷款优惠政策、热心公益事业、诚实守信家风好的贫困户优先借款，目前全村中低收入家庭占借款总户数的 90% 以上。在资金发放流程上，按照会员申请、三户联保（其中有 1 户为党员）、理事会审议、向群众公示、协会出函确认、村民凭函提取的程序进行，要求每个环节都要做到，不能随意增减。在互助资金的强力支持下，老百姓的日子一天天好起来，全村农民人均纯收入稳步提高，初步形成了中药材种植、牛羊养殖和劳务输转齐头并进的农村产业发展新格局。

产业扶贫是实现精准脱贫的根本之策。但是贫困地区往往是一贫俱贫，经济发展落后、产业不兴、居民增收困难等，在现实的困境中呈现出某种恶性循环的态势，一环脱节，全环落后。在这种情况下，单纯强调产业扶贫，方向上固然没有大问题，但在落地上却还要多下功夫，尤其是资金环节。基层党组织在扶贫开发中居于重要地位，不仅要考虑到产业扶贫的方向，更要顾及产业的落地，注重补齐产业扶贫的短板。中连川村党支部"支部＋协会"村级发展互助资金，让群众想发展、贷款难的问题得到了解决，为产业扶贫注入了动力。而且，这种"农民银行"还让党支部服务群众缺乏平台的问题得到了解决，增进了党群关系，增强了村民团结脱贫致富的信心。

▶▶ 扶贫产业园区，让产业扶贫升级

产业扶贫，也要依托当地的产业实际。有的产业比较集中，可以通过集中力量办大事的方式推进；有的产业可以分散经营，就像家庭联产承包责任制那样，虽然分产到户，但是在总量上也有一个规模效应。近年来，在扶贫开发的实践探索中，四川省罗江县秉持"脱贫攻坚，产业是生命线"的理念，充分发挥基层党组织在扶贫开发中的整合作用，通过 26 个"造血"式产业园，走出了一条具有当地特色的产业扶贫之路，既托起了贫困村 5200 多人脱贫奔小康的希望，又通过这些标准化、现代化的园区引领了全县农业供给侧结构性改革。

通过产业园区解决资金流向问题。对于扶贫开发的地区，扶贫资金的使用都是绕不开的一道难题。扶贫资金，十分珍贵，一方面，要有效率，毕竟是帮扶性质，资金总量有限；另一方面，还要有效果。这一点，对于资金使用的决策者来说，尤其具有压力。对此，罗江县的产业园扶贫，改变了以往补助到户、分散经营的方式，集中起来干大事，有了实实在在的脱贫产业，受到了群众的欢迎。在产业选取方面，从扶贫项目库中选出项目，然后请专家论证、评审，按照产业发展的适应性、技术要求和市场前景统一规划。县里将农田建设、水土保持和农村道路建设等项目整合进产业

园区，提高了政策扶持的综合效能。在产业园区具体实施上，扶贫产业由乡镇引导，村"两委"组织，专业合作社领头，贫困户参与。目前全县连片发展贵妃枣、春见橘、莲藕、蚕桑等 13 个特色产业，26 个扶贫产业园面积发展到 3500 多亩。

在产业运行上，罗江县采取了"企业化管理，市场化经营，民办民管民受益"的办法。罗江县充分发挥"市场之手"作用，按照企业化管理运作，培育农业新型经营主体，设立产业园议事、监督机构，制定管理运行及利益分配等制度，促进规范化运行。在人才方面，县里组建近百人的"土专家""田秀才"农村实用人才库，把能人大户引入产业园，让贫困户跟着能人走，让龙头企业带动园区发展。以新盛镇为例，15 个村中 13 个是贫困村。2015 年，镇里争取上级扶贫资金 360 万元，以村为单位，按照"民办、民管、民受益"的原则，采取土地承包经营权入股、流转等方式，在 6 个贫困村分别建立精准扶贫产业园，并成立以贫困户为主体的农民专业合作社，由贫困户选举合作社董事会、监事会，负责园区管理和运行。对于农业产业周期长、贫困户短期收益面临较大波动的情况，扶贫产业园采取"结对联建"的方式与龙头企业、农贸超市签订合作协议，实行订单模式发展产业，让园区跟着市场走，最大程度规避了市场风险。

在产业园的收益分配上，罗江县采取了"贫困户变股东、有分红"，极大地激发了贫困户参与产业园区建设的热情，也培育起了长期"造血"产业。罗江县按照扶贫资金精准到户原则，根据建档立卡贫困户的贫困程度，采取"151"模式确定贫困户股权系数，贫困程度较重的按每人 1.5 股，贫困程度较轻的按每人 1.0 股权重进行计算，量化到每一个贫困户，并发放股权证，股权不

扶贫产业园分红

扶贫产业园里，群众正在采摘辣椒

得转让、买卖、折现。园区经营盈利时，扣除成本后按"721"比例进行分红，即70％用于产业园区建档立卡贫困户，按股权进行分红；20％作为风险基金；10％由村"两委"用于需要临时扶持的困难群体。蟠龙镇海棠村7组的贫困户刘期平，原本对脱贫十分无望，现在却看到了希望，"每年都能有分红，再加上打点零工，往后日子有奔头了！"

扶贫产业园区，重在资源整合升级。在整个过程中，基层党组织发挥了重要的领导和推动作用，不仅有效地整合了人力、政策、产业、资金等资源，还兼顾了扶贫主体与扶贫对象之间的衔接，照顾到贫困户的贫困程度，并采取更为有针对性的措施，调动了各方的积极性，有效地推进了扶贫工作。

二、产业对接，产业链上铆足劲

有了良好的产业发展环境，还需要有产业上下游之间、产业之间的良性互动。这就需要基层党组织找准自身产业在整个社会化大生产产业链中的位置，通过注重上下游的衔接，在相互服务和支持的过程中，振兴自己，造福人民。不少地方在当地党组织的带领下，通过产业结构调整、组建党建联盟、运用互联网思维等方式，找准了自身产业的定位，参与到整个社会的发展与进步中来，成为脱贫致富的有力杠杆。

▶ 调整产业结构，找到产业发力点

产业是社会分工的产物。对于一个地区来说，如果经济社会落后于社会发展的大趋势，和整个社会脱节，就容易产生贫困。从扶贫开发的实践来看，不少地方就是因为产业结构老化，与社会发展进步的产业链脱节导致贫困。这种情况下，如何实现当地资源与整个社会的产业有机对接，就成为脱贫致富的关键所在。黑龙江省大庆市林甸县林甸镇朝阳村党支部通过产业结构调整，找到了产业的发力点，成为全县脱贫攻坚的典型村。

朝阳村位于林甸县东南部，全村辖4个自然屯、566户1566人。其中，建档立卡贫困户156户418人，占总人口的26.69%。人均耕地少，产业结构单一，是朝阳村经济发展缓慢、村民致贫的主要原因之一。脱贫攻坚工作开展以来，村"两委"班子结合当地实际，重点突破产业结构单一的瓶颈，积极拓宽增收渠道，全力壮大村域经济，村民收入大幅提高，2014年、2015年连续两年人均收

朝阳村养殖的狐貉

入增长超过 50%。

第一，依托特色养殖传统的优势，村"两委"带领村民大力发展狐貉养殖产业。村"两委"成员远赴山东潍坊等地考察学习，了解市场行情、把握发展趋势，邀请了潍坊市狐貉养殖合作社理事长为村民进行现身说法和技术指导，并建立了合作关系，解决了种狐、防疫、销售等难题。同时，针对部分有养殖意愿、无发展资金的贫困户，村"两委"积极对上、对外进行沟通协调，全力解决资金难题，争取到了农商银行、农业银行等金融部门的支持，帮助 27 户村民协调贷款 119.5 万元，有效解决了发展资金不足的问题。为进一步扩大养殖规模，提高养殖效益，有力抵御市场风险，村"两委"还积极帮助养殖户组建了林甸县弘智狐貉养殖农民专业合作社，村里投资 10 万元，无偿为养殖户购置 16.2 万平方米林地，用于建设狐貉养殖基地，建成后，可容纳狐貉养殖 8 万只，带动 150 户贫困户脱贫致富。

第二，为促进老弱病残等无劳动能力的贫困户同步脱贫，村"两委"发挥党组织领导的优势，除积极争取政策兜底外，又创新了"托牛入场"精准脱贫模式。一是招商引资，打造"富源"。坚持既充分发挥内力，又积极借助外力，通过招商引资，引入林甸县醉园春酒业助力全村脱贫攻坚，企业投资近 5000 万元在朝阳村建设了可容纳 1200 头奶牛的牧场，届时可带动 100 户贫困户实现整体脱贫。二是全力支持，助力发展。为了促进奶牛牧场落实落靠，尽快富民，村两委将5屯35户村民整屯搬迁，腾挪土地用于建设牧场。村民异地重建采取"企业出一块、上级补一块、社会融一块、村民筹一块"的办法，既解决了贫困户泥草房和危房改造问题，又解决了牧场用地问题。三是创新模式，实现"双赢"。按每头牛12000元的标准，贫困户自筹2000元，三年返本，持续四年每年可直接拿到2000元净收益，政府为牧场贴息贷款10000元，牧场与贫困户签订托养合同，疾病疫情预防等全部由牧场负责，如果奶牛出现意外死亡，也将由牧场向保险公司索赔。四年后解除合同，奶牛归牧场所有，既零风险助力脱贫，又可实现牧民和企业"双赢"，最终实现产业带动脱贫。

朝阳村建成后的奶牛牧场

产业扶贫是根本。产业结构单一，是贫困地区普遍存在的一个问题，也是脱贫致富的重要掣肘因素。朝阳村党支部把产业结构调整作为脱贫致富

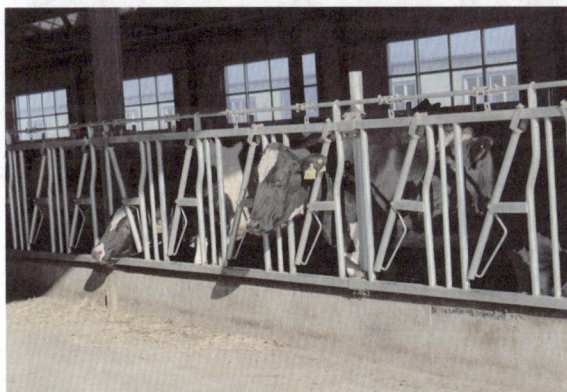

朝阳村贫困户托养的奶牛

的支点，找对了问题和方向，也取得了良好的扶贫攻坚效果。目前，全村狐貉养殖发展到 98 户，其中，从事狐貉养殖的贫困户占贫困户总数的近 60%，村狐貉存栏 3 万多只，年出栏 2.6 万只以上，净利润达到 520 余万元，户均增收 5.3 万元。而"托牛入场"精准脱贫模式，更是被国务院扶贫评估组认定为脱贫好模式。

▶ 党建联盟，打通产供销环节

产业发展起来后，销售的作用往往就会凸显出来，尤其对于那些重复性较高的产业，生产出来卖不出去，更是一件令人沮丧的事情。发达地区的过剩产业尚且如此，扶贫开发中的过剩产业面临的形势更加严峻。这就要求基层党组织能够根据产业的特点，在推动产品精细化的同时，注重市场的拓展，通过产业链整合，产业间的协作，走出过剩困境。浙江省宁波市宁海县黄坛镇里天河村党总支在这方面走在了前面。

党员帮扶指导

曾经的里天河村，由于地势偏远、交通不便，虽然守着好山好水好风光，但过的却是穷苦日子，"好女不嫁双峰郎"是当时的真实写照。为了改变贫困面貌，1999 年起，里天河村党总支

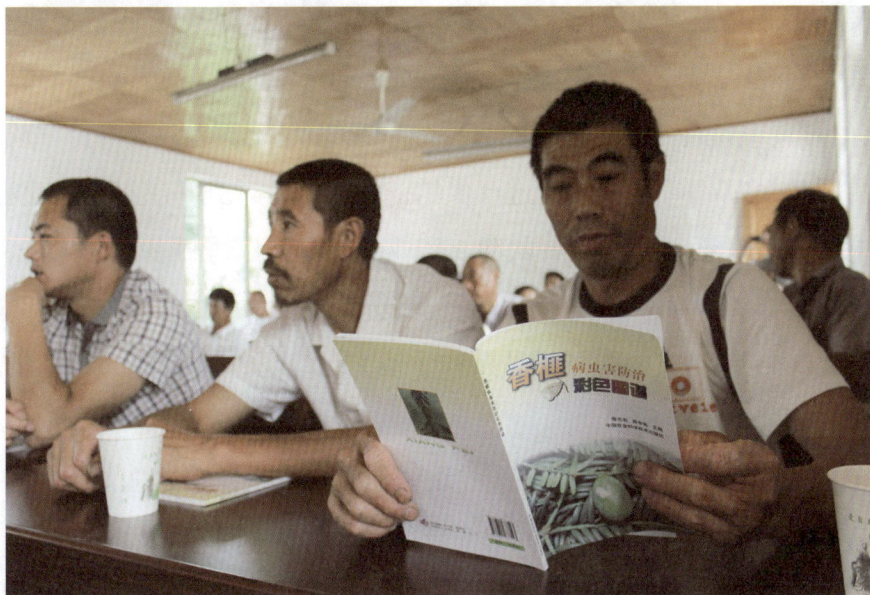

香榧种植技术培训

积极引导村民由传统的农田耕种为主向香榧等经济林规模种植转变，逐步带领群众走上了富裕的道路。

近年来，为了推动香榧产业链的健全和完整，里天河村党支部通过总支建在产业链上的模式，充分发挥党组织的领导整合示范作用。2010 年 3 月，黄坛镇党委把里天河村党支部升格为党总支，下设香榧产业支部、综合支部和外出流动支部。支部建在产业链上后，村党总支坚持"因地制宜、持续发展"原则，推进扩面增量，鼓励党员带头拓展产业链，相继创建了香榧苗圃基地和山外山香榧加工中心。村党总支又利用与市林业局、白溪水库管理局等党组织结对的有利契机，争取专家技术支持和资金补助。此外，采取外出取经、邀请专家现场指导等方式，加大技术培训，使村民成为香榧种植"土专家"。

建立产业党建联盟，抱团发展打响品牌，也是里天河村党总支的一个亮点。规模扩大后，为了提高生产质量、打开销售渠道，2012年起，村党总支书记丁红星探索产业党建联盟管理运作模式，让生产、销售、加工等从业党员都加入联盟，实行"双重身份""双重活动""双重管理"，促进产供销链式拓展，做到基层组织联建、党员教育联管、产业发展联动。产业党建联盟以香榧基地为依托，组建合作社，通过引进、培育、包装新品，打响了"双峰香榧"品牌。2014年建成了香榧精品园和香榧文化广场，2015年又谋划推进香榧特色小镇建设。

产业党建联盟有效发挥了党组织的整合作用。在党总支的总体协调下，党员干部协同，带动了整个产业链的协同，对产供销环节进行了链式拓展，通过优势互补、信息互通、技术互传、销售互助、人才互动，实现了党建与产业发展互动双赢。如今，家家户户种香榧已成为里天河村的一大特色，全村香榧种植面积达1400亩，

香榧基地

年产值 100 多万元，是宁波香榧种植面积、产量排名第一的村庄。2015 年村民人均收入仅香榧一项就达到 1 万余元，村集体收入已超百万元，里天河村已成为"村美、户富、班子强"和谐村庄的一面旗帜。随着产业发展，一条集种植、旅游观光、民宿经济为一体的香榧产业链已初步形成，香榧富民的道路越走越宽。

▶ 电商扶贫，丰富产业对接渠道

　　近年来，随着互联网普及率不断提高，电子商务快速发展，越来越多的农民通过电子商务实现了脱贫致富。国务院扶贫办于 2014 年将"电商扶贫"正式纳入扶贫的政策体系，并作为"精准扶贫十大工程"之一从 2015 年开始实施。电商扶贫根本目标是提高贫困家庭的实际收入，本质属性是让贫困地区对接电商大市场。一些基层党组织抓住电子商务的机遇，大力推进电商扶贫。例如，广西组织电商企业党组织与贫困村党组织牵手共建，丰富了当地产业对整个社会大产业链的对接，展示了良好的扶贫效果。这类范例，在贫困地区还有不少。

《国务院办公厅关于促进农村电子商务加快发展的指导意见》文件全文

　　甘肃省陇南市成县鸡峰镇长沟村土特产种类多、质量好，由于山大沟深、交通不便、信息闭塞，不是堆积起来，就是廉价卖给了外地商贩，群众增产不增收。长沟村党支部书记、甘肃省 2012 届大学生村官张璇到村任职后，看在眼里、急在心里。如何拓宽农特产品销售渠道呢？当时，陇南市委提出将发展电子商务作为乡村党组织服务群众的新载体，并组织了几期电商人才培训。通过培训，张璇掌握了农村电商驿站建设与运营、农村电商发展对策等知识，并决定通过发展电子商务销售农特产品。2013 年底，他在全

长沟村村"两委"开会研究电商扶贫

镇率先注册了淘宝店，命名为"鸡峰山珍品"，上架了村里核桃、土鸡等20多种原生态农产品，2014年帮助群众销售了185万多元的农产品，让群众从发展电子商务中得到了实惠。

张璇（左）入户收鸡蛋，并普及电商知识

网店打开出路后，张璇将这一方式向全体村民推广，帮助群众普及电商知识、开办网店、培育特色产业，引导他们树立"互联网+"思维，开拓农产品销售线上、线下市场。一是通过"一店带多店"，帮助群众实现就业创业。建立了集指导、培训和管理服务为一体的村电商扶贫服务点，对懂电脑基础知识的群众，如未就业大学生、返

电商营销喜迎丰收

乡青年、产业发展带头人等，就开办网店、经营网店、电商宣传等方面进行培训。二是坚持"引进来"与"走出去"两手抓，实现"双向增收"。针对不懂网络、文化程度较低的群众，一方面，由村级电商扶贫服务点与农户签订协议，以保护价优先帮助销售农产品；另一方面，推行网上民事代办，为群众提供网上商品代购帮送服务，进一步拓宽为民服务渠道。

在电商扶贫的带动下，当地还出现了两个积极变化。一是电商扶贫延伸了产业链条。看到网络销售市场前景广阔，长沟村党支部抓住村内发展生态放养土鸡这个增长点，动员村民发展放养土鸡试点，并利用网络优势进行营销，不到一个月的时间，就以高出市场20%的价格预售了1万多只生态放养土鸡。贫困户宋贵平放养的550只土鸡，通过网上销售收入5万多元，纯利润达1.9万元。二是发展电商还带动了农村旅游经济的发展。长沟村党支部以"微媒体"为窗口，宣传村里自然风景、乡土人情和农特产品，成为村民增收的另一途径。

发展农村电商，不仅把贫困地区的农特产品销售到全国各地，实现了增收，而且群众的视野开阔了，脱贫致富的积极性和主动性得到了有效激发，顺应了当前农村发展的形势和农民群众的期盼。而且，电商可应用于各行各业，电商扶贫也依托于各行各业，其产业依托也不局限于优势农业或现有的工业或实体商贸，还可以是由具体项目带动发展起来的新生产业。电商扶贫就像一双翅膀，成为产业扶贫的重要助力。

陇南：金融支撑为电商扶贫注入"强心剂"

三、产业振兴，"党支部 +"发大力

产业扶贫的重要性不言而喻，但是，产业要想发挥作用，离不开人，离不开基层党支部的领导示范。在产业扶贫实践中，多地探索尝试了"党支部 + 合作社 + 贫困户"的模式，有效地整合了贫困地区的各种资源，特别是调动了贫困户参与的积极性，从而有力地促进了扶贫开发工作。从一些成功的典型案例来看，贫困地区的产业振兴，最为核心的是党支部的领导；产业扶贫，尤其要注重发挥基层党组织的作用。

▶ 以贫困户为本，分门别类抓产业

产业扶贫，也要精准扶贫。贫困户的贫困程度，也是精准扶贫必须识别的重要内容之一。只有充分了解贫困户的特殊情况，同时采取针对性的产业扶贫措施，产业扶贫的效果才有保障。否则，产业扶贫的口号喊得震天，也会因为不符合贫困户的实际而难以调动贫困户的积极性，所谓的产业扶贫也将沦落为中看不中用的形式主

义。河南省信阳市光山县槐店乡晏岗村党总支通过对贫困户的精准区分而采取相应的产业扶贫措施，取得了良好的扶贫效果。

晏岗村现有建档立卡贫困户 259 户 983 人，村党总支成立于 2011 年 4 月，下设 3 个党支部，现有党员 59 名。村党总支立足村情，针对贫困户的实际情况，创新脱贫方式，按照"党总支 + 贫困户 +（油茶种植、特色养殖、生态旅游、务工就业）"的模式，推动精准脱贫。

信阳：精准扶贫助推老区群众快速脱贫

类别一，"党总支 + 贫困户 + 油茶种植、特色养殖"模式助推规模效益。按照"基地化建设、科学化管理、规模化经营、产业化发展"思路，村党总支依托地理资源优势，将荒山荒坡集中使用，流转张岗、万岗、程井、上黄、下黄、南晏、胡庄、黄湾、前余、余洼 10 个村民组荒山荒坡 8000 亩，引进河南省联兴油茶产业开发有限公司建设万亩油茶高产示范基地；流转黄湾、余洼等村民组荒

▌信阳市大广生态农牧有限公司的生猪养殖

山坡地 300 亩，引进信阳市大广生态农牧有限公司，建立集养殖、种植、观光、餐饮、住宿等于一体的现代高效生态农业示范园，走"公司＋基地＋农户"合作共赢发展模式。利用农闲时节，组织村党员干部帮助贫困户整理房前屋后小块土地种植油茶，发展养殖业，两家企业优先为贫困户无偿提供技术支持，并以高于市场 5% 的价格收购贫困户油茶果、出栏猪。

类别二，"党总支＋贫困户＋生态旅游"建设美好家园。村党总支结合美丽乡村建设，在中心村庄建成集休闲、娱乐于一体的文化广场；完成"村村通"道路硬化工程 20 余公里，栽植香樟树 6000 多棵，安装太阳能路灯 398 盏。结合区域内"生态旅游观光园""河南省南树北移实验园""万亩油茶种植基地""信阳市大广生态农牧循环经济养殖园"等四大园区，延伸产业发展链条，以体验式采摘、感受田园风光等形式发展生态旅游，打造"春夏畅游生态园、秋冬徒步油茶山"的休闲观光品牌，吸引了广大徒步爱好者观光旅游。

类别三，"党总支＋贫困户＋务工就业"促进务工就业。对于不符合产业扶贫的，或者因为自身情况无意产业扶贫的，村党总支则通过务工就业的方式为其谋求出路。村党总支积极为留守贫困户谋划就近就业出路，争取县人社局支持，在晏岗村文化广场举办脱贫攻坚招聘会，吸引联兴油茶、

晏岗村群众在务工

东方心典、鑫泰食品等8家企业，提供就业岗位246个，达尔美技工学校、奥雪技校等5家培训学校提供多种免费技能培训。槐店乡15个村600余名贫困人口参加活动，现场达成用工协议

晏岗村招聘会

182份，达成培训意向和求职意向登记320人。同时晏岗村成立保洁队，因人设岗，10户10名贫困人员担任保洁员，增加了部分贫困人口收入，美化了村组环境。

"党总支＋贫困户＋"的模式，以贫困户为主体，充分照顾到了贫困户的不同情况，因人施策，赢得了贫困户的共鸣，也达到了良好的预期。河南省联兴油茶产业开发有限公司提供从事种植、除草、培土、施肥、采摘、加工等长期用工岗位30多个，贫困人口人均年增收2000元以上。信阳市大广生态农牧有限公司带动贫困人口10户30人就业，年人均收入0.5万元以上。发展村级旅游业，带动10余户贫困户从事特色种植、农家乐，户均年收入达到2.3万元。扶贫开发工作离不开扶贫对象的支持。

◤ 功能型党支部，让产业力量爆发

提到产业扶贫，有的地方有一个主导的产业方向，有的地方则主导的产业方向不明显。面对多个产业都有发展可能的情况，不少

地方通过基层党支部升级为党总支，同时根据产业布局和扶贫工作需要，设置若干个功能型党支部，将党支部建在产业链上，客观上促进了各个产业间的"强强联合"效应，收到了产业扶贫的政策效果。江西省萍乡市芦溪县银河镇紫溪村，就是这样脱贫的。

紫溪村地处银河镇中部，全村居民 1213 户 5064 人，其中贫困户 87 户，贫困人口 219 人。长期以来，该村以水稻种植为主，产业结构单一，村级集体经济薄弱，村民人均年收入不到 7200 元，是"十三五"省级贫困村。2015 年以来，在萍乡市委组织部驻村工作组的帮扶下，紫溪村党支部找准"党建+产业扶贫"结合点，将党的建设渗透到精准扶贫工作中，以建成"一园三基地"为依托，引领群众走上产业脱贫致富道路。

首先是领导班子的调整。为增强村党组织的战斗力和凝聚力，在充分调研的基础上，在驻村工作组的指导下，紫溪村党支部晋升为党总支，同时按需设置 5 个功能党支部，探索"党支部+产业基地""产业党小组+党员示范户+贫困户"等扶贫模式，引导群众发展特色种养业、乡村旅游业，使党组织焕发新活力。

在此基础上，扶贫先扶志，治贫先治愚。党总支抓总，把解放思想放在了重要位置。建立"创富平台微信群"，宣传产业扶贫政策，学习交流产业扶贫技能和心得。着力抓好技能培训学习，带领党员干部和种养大户先后 12 次到湖南浏阳、江西赣州安远等地参观学习，邀请省市县农业专家来村传授技能，共计培训 392 人次，聘请种植能手定期来村指导。通过学习观摩、交流经验等方式，全村参与产业扶贫致富的积极性空前高涨，仅用 10 天时间就完成了270 户、1510 亩山林农田的土地流转工作。

充分发挥功能型党支部的作用，着力于党支部发挥其应有的功

紫溪村"党建＋精准扶贫"蔬菜示范基地

能，推动整个扶贫工作协调前进。在帮扶工作组的指导下，村党总支整合各类优质资源，着力推进"一园三基地"建设，2015年建成了总投资达5000万元的集观光、游玩、餐饮于一体的"绿行生态园"，积极争取农口部门资金支持，整合60万产业扶贫项目资金，以此带动了840万元的社会资金投入，2016年打造了油茶、蔬菜、脐橙3个扶贫产业基地，面积合计1000余亩。

功能型党支部依托扶贫目标设置，相当于把党支部的前沿阵地向前推进了一步，有助于党组织更好地主导扶贫开发工作。同时，从党总支的角度看，功能型党支部的设置，不仅仅具有功能的意义，还具有知人善任、明确责任的含义。从紫溪村脱贫实践来看，功能型党支部的设置大大推进了脱贫致富的进程。紫溪村脱贫攻坚步伐不断加快，村容村貌明显改善，村党支部被评为江西省"党建＋精准扶贫"先进典型。目前，村党总支产业扶持63户，政策衔接88户，技能培训116户，其中贫困户26户，帮助120余人实

115

■ 邀请江西省农科院专家来紫溪村指导产业发展

■ 紫溪村第一期月嫂培训班开班仪式

现外出就业。三大产业基地直接受益。农户 200 余户，其中有贫困户 33 户，并成立了 3 家林农公司和 3 个农业专业合作社。2016 年，村级集体经济收入由过去的"空壳村"增加到 5 万余元，村民人均年收入增加到 9600 元。

▶ "党支部＋合作社＋贫困户"，营造互帮互助氛围

产业扶贫离不开基层党组织的领导和支持，而基层党组织要把产业扶贫开发工作做到位，则需要注重合作社的角色，通过合作社团结群众和贫困户，最终实现产业的振兴。基层党支部与合作社的关系，类似于首脑与四肢的关系，首脑管指挥，四肢负责执行，二者相辅相成，缺一不可。首脑要想达到目的，就必须依赖四肢的辅助。而首脑与四肢的分工，则保证了整体运行的有效。海南省琼海市大路镇岭脚村党支部以"合作社＋贫困户"助力脱贫攻坚，正确处理了二者关系，成为产业扶贫领域的一个典型。

琼海大路镇有种植热带水果莲雾的独特气候、土地条件。莲雾个头大、味道美，在岛内外小有名气。岭脚村党支部这几年引导农户大力发展莲雾种植，又主导创办了多果莲雾种植专业合作社。合作社办得风生水起，生产的莲雾获"海南省优质水果"荣誉称号，产品不仅价格卖得好，而且在市场上供不应求。

苏文林是岭脚村党支部书记，也是莲雾合作社理事长。他带领岭脚村民实现了"莲雾梦"和"致富梦"。当时村里还有 9 户贫困户，由于个人主动性不强等方面原因一直没有加入合作社，他就想着一定要把村里的贫困户优先吸收到合作社。经过一定的民主程序，决策很快得到实施。2015 年底，合作社首先吸收了第一批 5 户贫困户加入，为他们发放了合作社社员证书。合作社统一对会员

苏文林接受海南脱贫致富夜校记者采访，讲述发展莲雾经验

提供技术指导和天气服务，统一发放种苗、农药，集中收购、包装和销售。加入合作社，解除了贫困户少资金、无技术等后顾之忧。每天，既是村支部委员又是合作社技术指导的潘家松都忙碌在果林里，为新入社社员手把手地传授种植技术。在他的指导下，首批加入合作社的贫困户，莲雾苗木长势很好，有些已经开始挂果了。

看到了丰收的希望，合作社对贫困户的吸引力越来越大，村里还剩下的4户贫困户，不再观望，也积极申请入社，希望合作社帮助他们尽快脱贫。很快，其中3户贫困户也领到合作社社员证。在领到合作社社员证后，他们表示，加入合作社后，要认真学习种植技术，严格按照合作社的要求统一规程和标准种植莲雾，种出优质味美的果子，争取早日脱贫致富奔小康。

这几年，加入合作社的社员，全都收获颇丰，口袋满满。村支委潘家松算了一笔账，盛果期的黑金刚莲雾每棵采收一次可以卖到

莲雾合作社技术员现场为社员讲解栽培技术

800 元到 1000 元，每年莲雾在 6 月、12 月两季成熟，两次采收。种植一亩莲雾，每年就有两万多元的收入。

合作社，顾名思义，合作之社，是一个集中力量办大事的集体性质的组织。合作社契合我国国情，在广大农村也有着深厚的群众基础。改革开放新时代，扶贫开发也由粗放扶贫向精准扶贫转变，合作社的作用就再次凸显出来。"党支部＋合作社＋贫困户"的经营策略，不仅改变了贫困村群众以往单一的耕作模式，走出了产业结构调整的新路子，也为产业扶贫中的党建工作，积累了宝贵经验。

第五章
老乡一日不小康，书记一日不离乡

　　习近平总书记强调，要把脱贫攻坚实绩作为选拔任用干部的重要依据，在脱贫攻坚第一线考察识别干部，激励各级干部到脱贫攻坚战场上大显身手。精准选派第一书记，也是习近平总书记提出的脱贫攻坚"六个精准"基本要求之一。各地、各部门选派优秀干部到贫困村担任"第一书记"，带领贫困村拔穷根、破困境，成为脱贫攻坚中一道亮丽的风景线。"第一书记"作为基层党组织的"领头雁"，在带领群众致富中发挥着十分重要的作用，肩负着整治"软、弱、涣、散"的基层党组织、发展经济、带领基层困难群众脱贫致富的重任。他们是党的惠民政策的宣传者，是党的优良传统的实践者，也是新时期共产党员形象的担当者和承载者。在2015年的"两会"，习近平总书记参加广西代表团审议时，给贫困地区的各级领导干部一个新任务——立下军令状，好干部要到扶贫攻坚一线经受磨炼。扶贫军令状，怎么去完成呢？

一、抓党建、强支部，致富有了主心骨

"群众富不富、关键看支部"。对于一般的地方来说是如此，对于贫困地区更是如此。不少贫困地区长期没有脱贫，或者陷入多次致贫的窘境，与基层党支部的软弱涣散以及责任缺位不无关系。在这种情况下，"空降"的第一书记客观上就肩负着整顿党组织、强大党支部的责任和使命。由于他们往往来自"上级"部门，拥有更开阔的视野与更丰富的经验，他们的加入，为基层党组织注入了鲜活的力量，并通过抓党建、强支部，为广大贫困户脱贫致富找到了主心骨，也留下了一支"永不离开的工作队"。

第一书记的扶贫梦

➤ 深入走访，干群支持是支部最大的后台

加强党组织建设是第一书记的首要任务，这已成为不少扶贫第一书记的共识。但是，第一书记毕竟是空降而来，是外人，如何融入当地的领导班子，取得班子成员的信任，无疑是对第一书记的首要考验，这也可以说是第一书记的一个门槛。而能否迈过这一门槛，不仅是第一书记履职能力高低的试金石，也是关系到贫困地区能否脱贫致富的重大问题。这就要求，第一书记要发挥帮扶的优势，牢固树立党员意识，深入群众找准问题，自觉和扶贫地区的干部群众站到一起。

山西选派优秀干部任村第一书记

冯赟（中）组织开展"两学一做"学习教育

　　山西省临汾市大宁县坐落在晋西吕梁山南端，全县只有 6.9 万人口，"三川十垣沟四千，周围大山包一圈"，山多资源少、沟多平地少，是国家扶贫开发工作重点县。2015 年 7 月 28 日，经单位选拔，国家卫生和计划生育委员会的公务员冯赟来到该县曲峨镇道教村，担任村里的第一书记。

　　冯赟深知，加强党组织建设是第一书记的首要任务，也是做好精准扶贫的基础。到村之后，他定期召开村"两委"班子会议，每月至少一次，并对村里的重要工作，公平透明地制订方案，进一步明确支部委员和村委干部职责。与此同时，为了取得群众的信任，冯赟从消除语言交流障碍入手，有意识地加强与村"两委"干部的沟通交流，深入农户家庭、深入田间地头，了解民情村情，倾听群众的心声。通过一段时间的努力，村"两委"干部和村民对他建立了信任。有了各方的支持，工作局面慢慢打开了。在包队干部的具

村民领取樱桃树苗

邀请专家到村实地开展樱桃种植技术培训

体帮助下，冯赟和村"两委"通力合作，顺利完成了精准扶贫贫困户建卡立档"回头看"工作，摸清了基本情况。

在了解该村产业发展和多年扶贫工作经验教训后，冯赟重点做好了两方面工作：一是广泛宣传精准扶贫有关政策，转变部分村民"等靠要"的思想。二是发挥当地自然资源优势，推动种植产业发展。在派出单位和当地政府支持下，他积极发动群众，利用荒山荒坡种植连翘300亩，到2018年可取得初步经济效益。发挥大棚种植示范户的作用，通过开展技术指导、代买种植所需物资的方式，巩固了村里大棚产业。发挥党员户带动作用，外出参观学习，远赴陕西购买大樱桃种苗，联系西北农林科技大学有关专家现场指导，将原先只有20亩的大樱桃扩大到了100亩，并启动了樱桃园采摘建设，发展起了特色富民产业。

通过全方位的接触和了解，冯赟获得了当地干部群众的信任。他们之间的交流已经上升到一个新的层次和高度。鉴于道教村的管理仍属于传统模式，缺乏精细化等现代化管理思维，冯赟有意识地在各项工作中带着支部和村委干部一起干，多交流新的管理思想和思维方式，努力提高村干部的能力和水平。而在冯赟的带动下，道教村党支部的精神面貌发生了很大的变化，在群众中的威信大大提高，成为脱贫致富的主心骨。

领导班子强不强，因素有很多。贫困地区的基层党组织软弱涣散，更是有着多方面的原因。必须指出的是，除了党组织自身加强建设外，群众信任也是不可忽视的重要因素。一些贫困地区的基层党组织之所以软弱涣散，很大程度上与当地群众对脱贫无望有关。百姓看不到希望，就对支部没信心；支部缺乏群众信任基础，干事就没有底气，反过来又制约着脱贫致富的步伐。第一书记作为带着

125

帮扶使命的外来空降户，具有政治上的优势，有一定的威望，有助于取得百姓的信任，从而打破这个恶性循环，最终实现得信任、强班子、富百姓的目标。

▶ 党建发力，抓住脱贫致富的牛鼻子

党建一发力，脱贫致富有底气。党建工作做好了，扶贫开发的后续工作才能逐步展开。也正是从这个意义上说，第一书记抓住了党建，就抓住了脱贫致富的牛鼻子，握住了完成扶贫攻坚任务的钥匙。福建省大田县济阳乡济中村党支部第一书记、福建省纪委驻省委宣传部纪检组主任科员许荣标就从抓党建开始，走建强村党组织队伍和充分整合本地资源发展壮大产业的路子，充分发挥党员干部的带动示范作用，全面实施"精准帮扶"三大工程，有力地促进了全村的脱贫攻坚工作。

许荣标（中）现场查看自然村道路施工情况

济中村位于大田县西南部，处于三明、泉州两市和大田、永春、德化三县交界处，共 208 户 958 人，其中建档立卡贫困户 24 户 65 人，党员 50 名。近年来，济中村充分发挥驻村第一书记作用，大力推行党建富民"三道加法"，强化党建引领，积极争取项目基金，助推产业发展，全村生产生活和公共服务设施明显改善，村民和村集体收入明显提高，已有 16 户 34 人实现脱贫。

调查研究，找准问题。2014 年 4 月，福建省纪委驻省委宣传部纪检组主任科员许荣标被派到了大田县济阳乡济中村任第一书记。来自省城的他，深知掌握情况是开展工作的前提。到村后，他便迫不及待地走村入户，与农民群众拉家常，了解存在的问题，听取意见建议。走访中，他发现济中村村"两委"成员以及党员的带动作用较弱，被认定为组织软弱涣散；村里有较多的古迹，但长期以来缺少资金投入，没有得到很好的保护和开发；同时，由于村里

许荣标（右一）在给游客作旅游讲解

缺乏矿产资源，当地农民以制茶售茶收入为主，农民人均纯收入不足 6000 元，村自有经营性收入仅 1 万元。通过前期深入走访调研，许荣标认为，建强村党组织队伍和充分整合本地资源发展壮大产业是带领村民走上致富道路的两个关键因素。

解决问题，党建引领。找到了问题，接下来就是解决问题。为此，他积极走访旅游、国土、住建等相关部门和脱贫致富做得较好的村，与他们交流经验，共同探讨对策。在此基础上，提出了两个解决措施。一方面，建议在村里推行以"村党支部＋专业合作组织＋基地""带创党员＋致富能人＋农户""党群服务场所＋岗位责任区＋特色产业培训"为主要内容的"三道加法"，提升村党组织和党员的带富能力。另一方面，以保护传承历史文化名村、建设美丽乡村、发展乡村旅游特色村的村庄发展综合目标，着力打造"灵动济阳"综合品牌。他的建议很快得到了乡镇领导的认可，并被作为济阳乡的中心工作来抓，成立了由乡党委书记、乡长为正副组长的专项工作领导小组。

方向对了，路子有了，基础扎实了，脱贫致富的步伐也就快了。由于有了良好的组织优势，他走访省、市、县领导和部门 300多人次，争取到的 63 个项目、2500 多万元资金，都得到了很好的落实。基础设施改善，产业随之发展，一批贫困人口实现了脱贫致富。在这个过程中，他充分发挥组织优势，引导党员带头建立专业合作社，并依托合作社建立产业示范基地，种植油菜花、向日葵、荷花等观光作物，吸引了近 20 万人次到村休闲观光；同时，酒店、农家乐等一条龙服务也被带动起来。

"射人先射马，擒贼先擒王。"扶贫开发工作也是一样，要善于抓住问题的核心和关键。而基层党组织无疑是这个关键所在。许荣标能够引领济中村快速脱贫致富，秘密就在于他抓住了这个关键，并且依托当地实际情况，把这个关键的作用充分发挥了出来。党的领导与尊重群众首创精神是改革开放 30 多年来的基本经验之一。而对于贫困地区的扶贫开发工作的经验，则应该加上一条，上级党组织引领、基层党支部领导加上群众积极参与，三者共同发挥作用，才能加快脱贫步伐。

◤ "党建 +" 为贫困群众插上脱贫致富的翅膀

重视党建，几乎已经成为扶贫开发工作的一个共识。也就是说，大家都知道党建的重要性。但知而不行，也是白说。无论是不能行，还是没有行，结果都是没有达到脱贫致富的目的。因此，如何把党建的作用发挥出来，就成为各地党组织面对的核心问题。

浙江省宁波市宁海县桑洲镇南岭村历代以农耕为生，村庄发展滞后，是典型的偏远山区贫困村、空心村。但是，该村旅游资源

▋ 南岭村全景

丰富。2015年初，宁海县财政局干部徐林斌担任该村"第一书记"后，积极探索"党建＋乡村旅游发展"思路，把党建工作贯彻到扶贫开发工作的各个环节，以党建引领美丽乡村建设，积极加强班子建设、打通帮扶渠道、引进发展项目、激活内生动力、搭建创业投资平台，走出了一条偏远山村实现"村美民富"的精准扶贫之路。

"党建＋生态"，为村庄旅游发展绘就"绿色路线"。为破解原有的村庄房屋破烂、垃圾遍地、污水横流等环境问题，徐林斌积极整合党建资源，全面启动实施环境整治大提升行动。他通过建立村党员干部"一天一碰头"会商制度、开展党员"绿色先锋行动"，健全党员保洁责任包干长效机制等措施，有效推进村庄环境整治。一年多来，打造了"村组道路户户通、水系沟渠条条清、庭院两旁花草艳"的全新村容村貌，为乡村旅游发展提供了基础保障。

"党建＋产业"，为村庄旅游发展注入"金色能量"。把强村富民、增强"造血功能"作为重要任务，徐林斌带领村党员干部按照"旅游业与农业融合发展"思路，打造旅游精品村。他充分发挥自身的桥梁纽带作用，帮助解决申请项目、资金等方面难题，对接涉农部门，募得帮扶资金1200余万元。深入挖掘农耕文化特色，开发民俗文化、农事体验等主题旅游产品，推进彩色水稻、景观水塘、黄金谷观景平台等项目开发，打造黄金谷大地景观、滴水岩景观，建成南山文化广场、谷神广场。

"党建＋民宿"，为村民致富打通"快车道"。注重把大力推进民宿经济发展作为村民致富的重要途径，引导党员改造祖屋，开办了宁海第一家高端民宿"南山驿"，一开业即受到热捧，实现口碑、人气、经济效益三丰收。在党员示范带动下，已发展了3家民宿，开始唤醒了更多村民的致富梦，创业归来的年轻人和旅行社、创客

■ 桑洲镇南岭村第一书记徐林斌带头开展村庄环境卫生整治工作

■ 桑洲油菜花节在南岭村举办

等社会资本纷纷涌入。

"党建＋"的核心是把党支部作为引领一切发展的关键因素，通过党组织的优势，全方位带动整个地区、整个产业链的发展。短短一年多，这种模式在南岭村就得到了实践的检验。南岭村实现了从一脚一身泥到一眼一处景、从环境脏乱差到处处春满园、从一人一亩田到产业大集聚的华丽蜕变，成为宁波市油菜花节举办地，还被誉为三月份中国最美丽的九个景区之一。当地村民也改变了原先"等靠要"思想，积极自主创业致富，村民的腰包渐渐鼓了起来，2016 年油菜花节期间，村民经济收入就达 200 余万元。

二、做纽带、带资源，脱贫有了大靠山

第一书记除了政治上的帮扶外，还具有许多意义上的帮扶，比如物质帮扶。第一书记的帮扶，除了他自身的能力外，还有国家扶贫政策以及他所在的单位。从这个意义上说，第一书记连接着帮扶与被帮扶的两头，扮演着帮扶与被帮扶的纽带角色。对于贫困地区来说，发挥好这一纽带作用，充分利用第一书记背后的政策资源优势，脱贫就有了大靠山，致富就有了保障。

➤ 精准扶贫，第一书记打头阵

从纽带的角色来理解第一书记，要把纽带作用发挥好，第一书记就需要了解双方，找到双方对接点。一般来说，第一书记是从帮扶单位派出来的，对帮扶单位的情况比较了解。因此，对帮扶对象的了解，就成为第一书记的一项极其重要的工作。这个工作做得越扎实，越细致，越精准，双方对接才能越默契，越顺畅，越高效。

王建国（左）与村民交谈农网改造和机电井接引工作

内蒙古自治区翁牛特旗供电公司广德公镇供电所高家梁抄收班班长王建国，作为关东铺子村驻村第一书记，就是这方面的榜样。

广德公镇关东铺子村是翁旗供电公司"一对一"定点扶贫单位，为了真正做到精准扶贫，惠及一方百姓，自2016年初开始，翁旗供电公司做了大量的、艰苦细致的、卓有成效、有目共睹的工作。截至2016年6月20日，翁旗供电公司为关东铺子村做了四件实事：帮助6个自然村的14眼机井解决了配电难的问题，新增水浇地面积3000多亩；5个自然村农网改造工程已全部完成，改造台区5个，10千伏配电线路0.5公里，0.4千伏低压线路5公里；利用企业资金和职工集资无偿支持2台30千伏安变压器，农排机井地埋电缆线1260米；大力调整产业结构，订单种植"363"大葵花1500亩，辣椒、豆角等蔬菜500亩。群众普遍认为，"翁旗供电公司为我们办的实事好事最多"。而这，也是其他行政村看着"眼热"

的所在之处。

上述实事是翁旗供电公司精准扶贫掷地有声的结果，同样也凝聚着电力职工王建国这位驻村第一书记的心血与汗水、智慧和力量。关东铺子村辖 19 个自然村，东西长 20 多公里，2016 年又是全旗实施"十个全覆盖"工程攻坚年、决胜年，时间紧、任务重、要求严、标准高，作为村第一书记的他，对"当第一书记感觉，就是累"。看着有点开玩笑，但也是实情。

小高家梁自然村地处"306"省道沿线，既是精准扶贫村，又是建设"十个全覆盖"的精品村。为了搞清楚情况，摸清贫困的底数，从搞"四清"、改"三土"，到打配机电井、农网改造，产业调整，他处处"唱主角"、当排头、做表率。不仅如此，抄收班管辖区内的客户用电、安全生产、巡视检修等他也要管。忙起来，简直就是"脚后跟打后脑勺"。按规定，驻村第一书记每月在村上工作不得少于 20 天，可他天天在岗。半年来，他没有休过节假日。

王建国（右一）在贫困户家中进行帮扶走访

清晨 6：30 在抄收班开完晨会安排完当天的工作，就要到村里，一直忙到天黑。一天下来腰痛腿酸，四肢无力，脸晒黑了，人熬瘦了，嘴磨破了，可他不叫苦，不喊累，默默无闻。工作中，难免挨顶撞，遭"白眼"，可他知难而进，从不退却，以一名共产党员的身份和情怀，把思想工作做到老百姓的炕头上。正是有他这样扎实的调查，细致的工作，关东铺子村脱贫致富的工作，才在比较短的时间内有了较大的起色。

做好纽带不容易，但正是因为不容易，这个工作才有意义。作为一名驻村第一书记，王建国在实际工作中，深入群众，把帮扶对象的贫困情况等传达给了所在公司，同时也把公司的帮扶措施和政策关怀带给了贫困群众，很好地起到了纽带的作用。还应该看到，王建国的所作所为，不仅促进了帮扶，而且还增强了党群关系，增强了群众对扶贫政策的信心，对党的信任。他以实际行动生动展现了新时期共产党员的光辉风范，创造了第一书记这一扶贫开发制度的宝贵经验，值得其他第一书记学习借鉴。

▲ 注重基础设施帮扶，脱贫致富有后劲

基础设施建设，事关发展大计，对于贫困地区尤其如此。越是在任务紧迫的情况下，贫困地区越要加强基础设施建设，不短视、不糊弄，千方百计打赢脱贫攻坚战。这是因为，基础设施是基本民生保障，是发展产业的先决条件，是提高公共服务水平的重要平台。但是，由于基础设施建设投入大、周期长，脱贫攻坚任务又很紧迫，部分地区出现了一些急功近利的错误倾向。第一书记作为扶贫开发的纽带，在深入基层调研的过程中，要注意这一问题，从而利用自身的资源优势，主动弥补这一短板，为当地困难群众脱贫致

富酝酿后劲。

黑龙江省哈尔滨市依兰县达连河镇合江村是省级建档立卡贫困村，距离依兰县城35公里，地处偏远，以水稻种植为主，有小规模养殖业，村内无学校，孩子要到附近乡镇上学。结远亲，是合江村脱贫致富的主要思路。2014年哈尔滨市建委与合江村结对帮扶后，选派村镇处王佳亮同志为驻村第一书记，在抓党建、强队伍的基础上，先后投入80余万元开展脱贫致富和基础设施建设，使合江村的面貌发生了巨大变化。

协调资金，改善村貌。2014年市建委拨付资金30万元，完成主村新建道路2.5公里、桥涵两处，安装路灯21盏，新建休闲广场1500平方米，道路拓宽1000平方米。2015年拨付资金50万元，修建白色路面3900平方米。市建委办公室增资1万元扶贫资金，安装村内监控摄像11处。协调县园林处植树350株美化村屯环境，协调县教育局增添休闲广场健身器材两批次13件价值2万元，协调县建设局加固并新换抗震门窗，涉及农户325

合江村新貌

户，拆除重建泥草房 6 户。市建委村镇处协调资金 5 万元作为扶危济困资金，支持合江村的精准扶贫工作。

兴修水利，提升产能。协调市水利部门投资 130 万元，修排水壕，清淤 6300 延长米，清除土方 37600 立方米，修建改版桥涵 12 座、通过涵 18 处、过河田间路 3120 延长米。协调县发改局修建水渠 75000 延长米，新建南北泵站各一处，打深水井 5 眼。

■ 水利工程施工现场

农田改造，土地增效。2015 年"旱改水"农田 3000 亩，按水稻亩产 1100 斤计算，每亩比种植旱田增产 300 斤，增产粮食 180 万斤，年增收 63 万元，受惠农户 110 户，其中贫困户 35 户。

精深加工，配套生产。聘请农业专家开展农业实用技术培训，加强对农户农作物的选种培育、增产增收等技术指导工作。通过市建委联系北京东北稻米经销商，初步确定以注册"合江稻"品牌稻米为主的农产品合作，打造生产、加工、销售一条龙产业链，全力提高大米质量和利润，增加农民收入。

多年的扶贫开发工作实践证明，帮助贫困地区和贫困群众致富，贵在真帮扶，真致富。很多地方"一帮就富、一走就穷"的现象，根本原因就在于一个"真"字。而中央提出精准扶贫，也有这方面的考虑。重视基础设施建设，短时间内可能扶贫效益不明显，但是这些帮扶的后劲比较明显。并且，这些帮扶措施有助于营造良好的发展环境，从而为当地发展提供长期性的帮助。还应该看到，合江村党支部第一书记王佳亮，把单位的资源转化为道路、水利、村容村貌等，牢固了脱贫致富的基础；产业化稻米深加工的努力和以稻米生产、加工、销售为一条龙的产业链，让农户得到了实惠，看到了光明的前景，增强了脱贫致富的内生动力。

◤ 特色引路，建立致富长效机制

扶贫有长效，还得靠产业。只有产业扶贫，才能解决输血式扶贫的弊端，通过造血扶贫，增强扶贫户脱贫致富的内生动力。对于那些拥有资源优势的贫困村，第一书记可以发挥纽带作用，通过协调配套资源激发当地产业的开发，进而形成脱贫致富的产业基础。重庆市武隆县桐梓镇香树村党支部第一书记、武隆县交委交通运输管理所副所长余冰，就通过特色引路、建立致富长效机制，很好地阐释了纽带这一角色。

香树村，海拔较高，交通不便，系重庆市市级贫困村，距武隆县城近90公里，由原石坝、香树两个村合并而成，现辖6个农业社。从县城到该村，要走四五个小时的山路，4.2米宽的环山路，对面突然来了会车，双方只能停下，慢慢让行通过，有时四个车轮甚至出现只有三个车轮着地的情况。

要想富，先修路。这已经成为扶贫开发的标志性口号，也是产业扶贫的基础。为了将村里的路修好，余冰通过自己的"娘家单位"县交委扶贫集团，多方协调、积极履职，已经下拨公路建设资金 310 万元。目前，全村已完成 13.4 公里的公路通达，完成 17.6 公里的公路通畅。同时，余冰还协调资源，加强了村里基础设施建设，相继投入 85 万元在移民安置点新建了便民服务中心，配套建设了 4400 平方米的休闲广场、室内羽毛球场、篮球场等设施，供村民休闲娱乐，深受村民好评。

　　基本生活好了，长远打算就要跟上。立足当地实际，余冰和香树村党支部决定，在开展扶贫攻坚过程中，香树村努力打造"重庆养生第一村"和"重庆香树养生公园"，从而建立脱贫致富的长效机制。"现在人们的消费水平提高了，对于吃喝更注重养生和健康。我们村将来要吃乡村旅游这碗饭。首先，我们村的自然环境比较好，其二，我们村距离重庆主城区比较近，这些都是我们要打造养生村的优势。"

桐梓镇香树村金银花收购现场

硬化桐梓镇香树村的产业路

139

香树村 79 户贫困户之一邹显茂，丈夫肢体残疾常年在外务工，两个孩子读书，一家人生活十分拮据。第一书记和村支部确定了吃乡村旅游这碗饭后，她家里"通过种植金银花、油茶，养殖生猪，现在家里的房子也建起来了，生活越来越好了"。2016 年下半年，因为效益不错，邹显茂又养殖了蜜蜂。

俗话说，仓廪实而知礼节，衣食足而知荣辱。两手抓，两手都要硬，对一个国家来说是这样，对于一个村也是这样。只有物质文明与精神文明同步推进，全面小康才能实现。在产业扶贫的基础上，余冰和香树村党支部还要推进美德村庄建设，通过美丽庭院建设、村容村貌整治和"幸福和谐"家庭的评选，进一步推进"环境优美、邻里和谐"的现代美德新农村建设。

当前，脱贫攻坚已经进入"啃硬骨头"的关键时期，第一书记的纽带作用也更加凸显。正是他们深入群众中去"治贫"，望、闻、问、切，精准把脉，精准分析致贫瓶颈与原因，善用自身及派出单位资源，积极协调项目、协助解决资金，为贫困地区的经济发展、基础设施建设、产业合理布局等方面贡献了巨大力量。作为纽带的第一书记，为村级经济发展注入新的活力，架起了贫困群众脱贫致富的桥梁，成为贫困地区经济发展的"新引擎"。

三、有智慧、出点子，干部群众干劲足

在扶贫开发实践中，第一书记的作用还体现在他自己的聪明才智。第一书记扶贫能够作为一个制度，在很大程度上也和这一因素相关，被选为第一书记的总是有着各种特长，不仅在党建、资源帮扶等方面有几把刷子，而且本身也特别优秀。有句话，瞬间让他们的形象鲜明起来：他们深入基层、心系群众，察民情、解民忧，把党的惠民政策带给群众，是群众的"暖心秘书"；他们视野开阔、见闻广博，在带领群众脱贫致富中为群众出谋划策，善于根据实际出"金点子"，为群众开辟了一条条致富新路。

▶▶ 精准定位发展思路，带美贫困落后山村

要想打赢脱贫攻坚战，就必须准确定位项目，用好扶贫资金。对于第一书记来说，很多资源都是制度性和政策性的，关键在于如何使用和调配。也正是在这个意义上，第一书记的素质、眼光、才能等个人因素的重要性，特别凸显出来。能否把当地实际与帮扶资源结合起来，把当地发展与地区产业政策结合起来，把自身才智与扶贫实际结合起来，把脱贫致富的愿景与干部群众的信心结合起来，就成为第一书记必须回答的重要课题。河北省石家庄市平山县黄连沟村党支部第一书记、石家庄市园林局驻该村工作组组长左晗伟，很好地回答了这个问题，通过精准定位发展思路，让这个贫困落后的小山村富了起来、美了起来。

黄连沟村是革命老区平山县西部深山区远近闻名的贫困村，全村贫困人口 47 户、145 人，贫困发生率高达 48.17%。面对这一实际，石家庄市园林局驻村工作组入村后暗下决心，一定要为老百姓解决一些实际问题，趟出一条脱贫致富的路子，尽快让黄连沟村"富起来""美起来"。

作为第一书记、工作组组长左晗伟最早想到的是发展苗圃种植业。除了他本人是园林人，对园林有着丰富的知识和经验外，还与石家庄市的政策有关。全市园林工作会议明确指出："大力开展花城建设，全年在主要街道和公园广场种植各类时令花卉 1500 万株，

■ 石家庄市园林局在黄连沟村召开党组会

■ 花卉温室内贫困村民辛勤劳作

倾力打造花园城市。"有了这样的政策机遇，发展花卉种植基地的
思路油然而生。

　　目标确定后，就是落实。工作组立即邀请石家庄市园林局权威植物学专家到村进行实地调研，结论为：黄连沟各项指标优越，非常适宜种植时令花卉。做好项目销路是关键。为此，市园林局党组会在黄连沟村召开，研究同意了项目建设思路，保证了花卉销售渠道。

　　有了定位，销售也解决了，下面就是最实在的生产环节。由于黄连沟村脱贫基础太过薄弱，工作组在村两委会和村民代表大会上提出了两个原则：一是"稳"；二是"精准"。花卉种植投资大、技术要求高，工作组建议稳中求进，第一批先种植万寿菊实验苗10万株，重点是培训技术农民。项目由合作社统一规模化运作，贫困户以扶贫资金入股，所得收益必须全额精准分配到贫困户，项目用工也要优先聘用贫困村民。为了学到最好的技术，工作组带领村"两委"班子和部分村民代表到正定县最大的花卉种植基地进行考察学习，并与该企业负责人建立了联系。此外，合作社建立了花卉成活率与工资挂钩的绩效考核机制，强化了技术规程管理。

　　2016年国庆节10万株花卉摆上了石家庄的街头绿地，年底5000余平方米的现代化温室竣工投用，今年"五一"上市的50万株幼苗长势良好，全年三批产量可达4个品种、160万株，项目纯收入80万元，解决20余名贫困人口就业，增加劳务创收近20万元，全村年人均增收3300元。

　　在精心实施花卉种植基地项目的同时，凭借黄连沟村自然景观优越、交通条件便利等区位优势，工作组还决定打造"现代农业观光园＋旅游度假村"。工作组确定将花卉种植基地打造成为吸引客观花、赏花、买花的好去处，引导莲藕大户扩大种植规模，打造了集观花、摄影、休闲、体验等功能于一体的观光休闲区。通过实施引水上山工程解决灌溉难题，今年春季种植花椒5000株、寿桃

莲藕种植基地美景初现

1000 株、苹果 600 株,为发展采摘园打好了基础。通过招商引资,已开辟山场种植油松 110 亩。这四大种植基地同步发展,现代农业观光园雏形初现。工作组把黄连沟的山水林田湖、芦苇荡等自然景观资源视作"一宝",引进旅游战略投资商,实施人工瀑布、生态养殖等一系列旅游体验项目,打造旅游度假村,增加了集体收入,解决了 30 名贫困村民就业。

听君一席话,胜读十年书。这句话说的是,一席话的重要性。在扶贫开发工作中,一个好点子的重要性,就像这一席话一样,能够起到给人拨云见日、茅塞顿开的效果。对于贫困群众来说,第一书记的好点子,就是脱贫致富的远景规划和发展战略。这一战略,一方面对干部群众是一个很大的精神激励,内在地激发了他们脱贫致富的积极性;另一方面,又与第一书记所带来的资源相衔接,脱贫致富就有了指望和保障,扶贫开发也就起到了扶志扶智的效果。

▲ 科技帮扶有力度，贫困户吃上定心丸

产业扶贫，是扶贫之本，这是从宏观上说的。与此衔接，在微观上的配套就是贫困户的技能水平。广大贫困户是帮扶的重要对象，也是脱贫致富的重要主体之一。只有他们掌握了先进的科学技术，并能够把这种技术与现代产业实现对接，产业的发展才有人力的支撑，贫困户脱贫致富才有希望。第一书记运用自身的优势，对贫困户进行科技帮扶，是推动扶贫工作深入开展的重要方式。河南省宜阳县董王庄乡前村第一书记谷志飞，通过编写各种操作指南，提高了广大贫困户的科学素养与技术水平，为该村脱贫致富奠定了坚实的基础。

自从来到前村，头一个月专门考察村情后，谷志飞针对本村上

谷志飞（左）讲解种植技术

报的贫困户脱贫手段，开始着手编写第一本农业技术小册子。查阅资料熬了3天，再加上之后的汇编、咨询专家、排版、纠错，谷志飞仅用了一周时间，就将一本通俗易懂、操作性强的《大棚蔬菜种植技术》发放到全村选择"种植脱贫"的贫困户手中。为了保证准确度和实用性，他还联系中科院郑州果树研究所、河南农业大学等院所的专家教授，为"出书"把好技术关，给村民送上门。就这样，谷志飞成了"出书"专业户，针对本村脱贫实际，他还编写了《猪皮柿子规范化种植技术》《金果梨规范化种植及回收》《猪病控制及母猪保育》《食用菌种植技术及储存》等6本书。

有一次，村民梅俊章育了三分地的芹菜苗，不想，连着几个大晴天，芹菜苗就被晒蔫了，慌得他赶紧跑去找谷志飞。谷志飞问："给你的'书'看了吗？""……看了啊。""你拿过来，翻到第二页。"梅俊章有点心虚地一翻，上面赫然写着"育苗时要建凉棚覆盖，盖晴不盖阴，盖昼不盖夜……"经此一事，吃过亏的梅俊章干啥都按"书"上的来，"书"上写啥就干啥。

为解决农村土地少、收益低的现状，谷志飞还积极同洛阳市农科院蔬菜研究所联系，为农户提供农作物套种技术，例如，玉米地套种辣椒、麦棉套种。作物套种模式，让一亩地发挥出多倍效益，提高了农业的经济效益，促进了农民增收。

技术的普及与引进，为前村各种种植、养殖产业的发展奠定了良好的基础。目前，前村开建3个牛场、2个羊圈、4个鸡舍、3个猪场，养殖85头牛、300只羊、1500只鸡、800头猪，建设6个服装加工点，建设蔬菜大棚14个，种植艾草200亩，改良柿子树80亩等。小规模种植、养殖集群囊括了全村贫困户，为建档立卡贫困户152户641人，找到了脱贫致富的项目，并为贫困户解决了技术问题。

扶贫先扶智，治贫先治愚。贫困落后地区发展慢，有着多方面的原因，但是人的素质无疑也是重要的一方面。同样是土产品比如西红柿，高科技的西红柿就要比普通的西红柿好。但是，要种出高科技的东西，就必须认识高科技、掌握高科技。这就需要技术的普及和应用。前村第一书记谷志

村民养殖的羊

飞利用自身的优势，填补了这一空白，为当地贫困户脱贫致富插上了科技的翅膀，也为当地群众带来了早日实现小康的希望。

集约化积聚发展动能，群众致富笑开颜

集中力量办大事，是我们国家的制度优势，国家的扶贫政策就体现了这一点。这个道理，对于一个国家说得通，对于一个村也说得通。一些贫困地区，经济发展本来就比较落后，在这种情况下，单个贫困户更是脱贫乏力。于是，把所有贫苦户集中起来，一下子人财物都有了，脱贫致富的工作也就比较容易启动了。青海省兴海县子科滩镇切卜藏村党支部第一书记，与该村干部群众多次讨论确定的规模化集约化，为该村脱贫致富打开了局面。

子科滩镇地貌

　　切卜藏村地处赛宗山下，有牧户 574 户，2306 人，其中精准识别户 69 户 170 人，牧区群众居住分散，信息闭塞，生产模式各自为政，方式单一，成本高效益低。面对这个困境，该村第一书记从党建出发，和工作队驻村以来充分激发和调动贫困群众脱贫致富的内生动力，在千方百计为贫困群众找门路、想办法的同时，心贴心、面对面地进行思想交流，帮助他们坚定脱贫信心。大力宣传脱贫致富先进典型，用身边人身边事激发贫困群众的致富愿望，让脱贫成为一种自觉行动，经过多次大会研讨与牧民群众达成共识，规模化集约化成为切卜藏村牧业生产唯一的出路。

　　2011 年，切卜藏村成立了惠民生态畜牧业专业合作社。但是，因为资金等各种原因合作社发展缓慢。近年来，在第一书记和村党支部的领导下，规模化集约化被确定为"唯一的出路"。合作社改变以往以家庭自身生产的模式，集中优势资源，大力发展集中规模化生产来提高经济效益，初步形成以种畜养殖及畜产品加工销售为主的"专业合作社＋家庭牧场"发展模式。专业合作社分5个小组，即养殖组（主要负责放牧、家庭牧场后勤工作）、演艺组（主要负责文化演出、餐饮服务）、生产组（主要负责加工手工酥油、曲拉等畜产品）、种草组（主要负责1480亩的饲草料种植）、劳务输出组（主要负责运输、外出务工等）。

合作社经过重新整合后，大大吸引了牧户的注意力。入社牧户已从刚开始59户增加到504户，全村的入股率达到了90%，现在又将村里的69户贫困户纳入到当中。同时，该村通过整合资源及积极争取项目，整合资金179万元，建成了集餐饮、娱乐、文化展示、歌舞演艺为一体的1274平方米的"牧家乐"一家；争取到兴海县农牧局79万元，建成1200平方米的标准化养殖场一处；另外，部分扶贫扶持资金还被用于配套设施基础建设，初步形成了以种畜养殖及畜产品加工销售为主的发展模式。

"合作社＋牧户＋分红"的模式，极大地促进了村民增收。合

专业合作社正在兴建中

牧家乐

作社每年可繁殖 500 只羊，每只藏系羊以 550 元购进，进行集中繁殖，目前县农牧局核定每只种羊以 1300 元收购，除去成本每只羊有 500 元效益。而且，不少村民都有入股收益和打工收益。切卜藏村贫困户达哇高兴地说："我不仅入了股，而且还在养殖组打工，可以获得两份收入。"

规模化集约化，核心是党的领导，是基层党支部的坚强有力。只有党支部坚强有力，才能把分散的农户集中起来，把分散的资源集中起来。第一书记利用政策扶贫的优势，对合作社进行改革整合，使合作社改变以往以家庭自身生产的模式，集中了优势资源，提高了经济效益。而经济效益的普惠化，又激发了群众脱贫致富的内驱力，使老百姓真正在"要我脱贫"向"我要脱贫"的转变中凝聚共识。因此，越是进行脱贫攻坚战，越是要加强和改善党的领导。通过抓好党建促进脱贫，是贫困地区脱贫致富的一条重要经验。

第六章
扶贫政策落地，
基层党组织"送快递"

　　习近平总书记强调，中国将大幅增加扶贫投入，出台更多惠及贫困地区、贫困人口的政策措施。基层党组织是扶贫政策的执行者，能否吃透政策，因地制宜地把国家的扶贫政策落到实处，不仅直接关系到扶贫开发工作的效果，还会影响党的形象与威信。从整个扶贫的链条上看，基层党组织处于扶贫政策的中间环节，一边是国家的扶贫政策，一边是政策的扶贫对象。通过宣传、示范、实践、带动等方式，调动贫困户的脱贫致富的积极性和主动性，把国家的扶贫政策转化为富民成效，是基层党组织的责任所在，使命所系。

一、吃透政策，发挥政策指挥棒的作用

为了帮助贫困地区和贫困户开发经济、发展生产、摆脱贫困，各级党委和政府都制定了一系列旨在扶助贫困户或贫困地区发展生产、改变贫困面貌的政策措施。对于贫困地区和贫困户来说，扶贫政策是一笔宝贵的资源。基层党组织应该利用好这一资源，认真研究政策、吃透政策并推动政策的落地。

▶ 领导指示是扶贫的重要政策资源

要想脱贫致富，关键是政策对路。领导指示就像一盏明灯，为基层贫困群众脱贫致富带来希望和指引。基层党组织要做的是，找到这盏灯，并按照这盏灯的指引，大胆地付诸实践，把指引变成理想，把蓝图变成现实，把政策的关怀变成群众的实惠。湖北省宜昌市五峰土家族自治县苏家河村，在自治县党委和镇党委的大力支持下，努力践行宜昌市委、市政府提出的将苏家河村建成全省"生态旅游示范村、产业扶贫样板村、精准脱贫标杆村"的发展理念，把上级领导要求化为实践行动，通过思想扶贫、文化扶贫、产业扶贫，在脱贫攻坚战中打了一场翻身仗。

宜昌市对精准扶贫进行再动员再部署

苏家河村位于五峰土家族自治县长乐坪镇中部，距新县城38公里，351国道横贯东西，是全市30个重点贫困村之一。由于基础设施落后、自然条件恶劣、思想观念陈旧、经济结构单一，全村经济社会发展滞后，农民增收缓慢，在册贫困户

193 户 603 人，占全村总人口 41.5%，其中五保户 8 户 8 人，低保户 41 户 65 人，可发展产业的有 183 户 593 人。为了摆脱贫困，苏家河村党支部坚决贯彻落实上级的扶贫政策，通过以下三个方面的工作，实现了扶贫开发工作的顺利推进：

一是党建引领，激发内生动力。苏家河村党支部按照"一小时能集中、一间屋能坐下、一个半天能把事说完，依山就势、方便活动"的原则，将全村 55 名党员重新划分成 6 个党小组，再由党小组成员发动无职党员、村民代表和大户能人就近和贫困户结成对子，形成"脱贫工作圈"。党小组既是"传声筒""执行人"，也是"监管员"，把政策与贫困户紧密地联系在一起，动态解决政策落地过程中遇到的各种问题。

二是文化扶贫，振奋群众精神。苏家河村党支部将村民俗文化

湖北省委人员到苏家河村结对认亲

153

"同步小康、梦想起航"文艺晚会

队伍扩展至 30 人左右，并配齐相关设备，建设"刘德培故事村"，培养一批民间非物质文化传承人。成功举办了"同步小康、梦想起航"文艺晚会，"十星级文明户""最美媳妇""最美家庭"评选活动，"法治国土·2016 宜昌市法治文化基层行"等文化活动。健康活泼、积极向上的乡村文化氛围逐渐形成，极大提升了全村人民同奔小康的信心。

三是产业扶贫，树立发展样板。在产业规划方面，苏家河村党支部制定了猕猴桃、五倍子、蔬菜、山羊养殖、乡村旅游产业的系列专项规划，为全村产业发展划定了"航道"。在技术保障方面，邀请湖北三峡职业技术学院专家任技术顾问到村进行技术指导，编制猕猴桃等生产技术方案。在风险管控方面，引入五峰好猕友生态农业开发有限公司等 5 家市场主体，以扶贫协议确保贫困户"成本投入零风险""防灾抗灾零风险""保价收购零风险"，构建完整的

"零风险式"产业扶贫模式。同时，积极打造样板、铸造精品，建成猕猴桃高标准示范园55亩，扶持农户分散发展猕猴桃34亩，带动贫困户18户；与125户贫困户发展订单蔬菜490亩；围绕"武陵画廊三百里，湘鄂屋脊十八溪"，打造刘家湾、聂家湾两个旅游片区和新华园扶贫站建设，形成旅游品牌。

在落实上级指示和扶贫政策的过程中，苏家河村党支部，坚持基层党组织的领导核心地位，充分发挥基层党组织的战斗堡垒作用和党员的先锋作用，迅速地改变了干部群众的精神面貌，激发了群众脱贫致富的内生动力。同时，大力加强精神文明建设，通过开展系列活动，增强贫困群众脱贫致富的内生动力、助推全村各项产业的发展。在产业扶贫方面，有规划有重点有步骤有缓急，为贫困户脱贫致富奠定了坚实的物质基础，创造了良好的经济效益与社会效益。

▶ 用足用好扶贫政策，考验基层党组织

扶贫政策不会自动变成扶贫效果，脱贫攻坚的成效如何，与一线执行者的积极作为密不可分。基层党组织作为扶贫政策最为重要的执行主体，一方面要吃透政策，明确政策实施的基本精神；另一方面，也要了解当地实际，搞明白政策实施的范围、制约因素、变通因素等，全方位实现政策与当地实际的对接。湖南省张家界市桑植县刘家坪白族乡新桥村党支部在省军区帮扶工作队的协助下，用足用好产业扶贫政策，按照"夯实根基、扶持奖励、开发荒地、市场借力"的思路，推动该村农村产业实现产业配套、规模扩大、结构调整、平台创新"四个突破"，取得了显著成效，为确保贫困户稳定增收和全村整体脱贫摘帽提供了有力保障。

一是积极改善农业生产条件，产业配套有突破。针对 2 个生产小组未通公路，溪沟阻隔生产资料运输等问题，投入 28 万元新修通组公路 1200 米，投入 35 万元整修村组道路 17 处，投入 16 万元新修生产便民桥 10 座。针对贯穿全村的溪沟缺乏疏浚治理，泄洪能力较差的情况，整修河堤 520 米，新修灌溉水渠 210 米，惠及基本农田 300 余亩。针对农村低压电网线路老化严重，电压不稳无法保障生产生活用电需要的问题，协调国家电网实施农村低压电网改造，大幅改善了群众发展生产的基础条件。

湖南省军区驻村帮扶工作队队长吴正平（前排左二）向建档立卡贫困户介绍产业扶贫政策

二是大力扶持传统农业，生产规模有突破。大力推广以奖代投惠农政策，对于从事养殖的贫困户，明确养鸡、养猪、养牛分别给予 10 元、200 元、400 元每只（头）的扶持补助，采取存栏登记、出栏奖励的方式实施；对于从事种植的贫困户，明确种植中药材、果林分别给予 400 元、600 元每亩的扶持补助，采取前期核验、分

▌扶持建档立卡贫困户熊巧燕发展豪猪养殖

▌湖南省军区驻村帮扶工作队队长吴正平（左二）组织建设三红蜜柚栽培示范基地

期付款、产出兑现的方式实施。

三是开发荒地建设果林，结构调整有突破。针对土地总量少、抛荒多、产值低等现状，村支"两委"在驻村帮扶工作队的协助下，到附近 5 个市州 8 个特色产业基地进行实地考察学习，最终结合实际引进推广产量大、产值高、耐储存、市场前景好的三红（红皮、红瓤、红心）蜜柚高端水果，变 300 亩荒山为金山银山，打造绿色生态、附加值高的农业产业。由村委会流转 20 亩土地作为栽培示范基地和村集体产业，其余 280 亩由各生产小组组织村民签署合作协议建设，按照"前期统一开发管理，投产后无偿交付村民"的模式运作。

四是深入开展股份合作，平台创新有突破。立足周边国土整治项目优势资源，充分发挥湖南省军区协调联系作用，"跳出新桥村，发展新桥村"。2015 年底引进张家界禾佳生态农业有限公司与新桥村联合开发建设刘家坪白族乡 523 亩生态农业产业园。截至

湖南省军区产业扶贫示范基地禾佳生态农业产业园新貌

2016 年 8 月底，该项目完成投资 528 万元并初步投产，新桥村 76 户贫困户和村集体以 52.8 万元产业扶贫资金入股（新桥村一期占股 10%，前两年保底收益 15%，后期根据盈利分红），每年为村集体增收 4.5 万元，贫困户年均分红 450 元，并为周边贫困群众提供 200 个以上家门口就业的机会。

通过两年攻坚，新桥村贫困发生率由 34% 下降到 4%，从一个典型的偏远山区深度贫困村变成全省首批"脱贫攻坚示范村"，充分彰显了扶贫政策的优势。随着国家扶贫力度的进一步加大，各种政策资源的效用将进一步凸显。各地的基层党组织尤其要注意到这一形势，不断提高对扶贫政策的认知和把握能力，在政策落实的过程中通过自身的聪明才智，把政策善意最大限度释放。

张家界茶旅融合助推精准扶贫

▶ 因地制宜，让扶贫政策变群众实惠

扶贫政策能否被贯彻落实好，最关键的一点就是因地制宜。对于基层党组织来说，只有从当地的脱贫实际和发展状况出发，把扶贫政策作为一项推动发展的资源，才能达成预期的效果；反之，如果从扶贫政策出发，为了政策的落实而落实，效果往往会适得其反。新疆维吾尔自治区哈密市巴里坤县海子沿乡尖山子村党支部，依托地缘优势，挖掘旅游资源，走出了致富道路。

尖山子村地处巴里坤湖景区南畔，是自治区确定的扶贫开发重点村。现有人口 384 户 2053 人，建档立卡贫困户 115 户 460 人。近年来，该村党支部从当地实际出发，不断强化抓党建促脱贫攻坚意识，充分发挥党组织在脱贫攻坚工作中的引领作

一户一策，精准扶贫

用，进一步理清精准脱贫思路，以巴里坤湖景区为平台，依托本地旅游资源优势，大力发展少数民族特色旅游产业，把国家的扶贫政策落到了实处，达到了增收致富的目的。

首先，抢抓机遇，夯实旅游基础促脱贫。近年来，该村紧紧抓住巴里坤县大力发展旅游业机遇，积极争取上级党委、政府和相关部门的大力支持，累计争取资金1340万元，为景区配套建设了餐饮、零售、娱乐服务等基础设施，搭建起发展旅游餐饮、零售业、娱乐服务业平台，吸引了大量游客，带动了少数民族特色产业，实现了当地农牧民转移就业，使牧民在家门口致富增收，实现了旅游与扶贫相结合。

■ 大学生库莱木·贾格巴尔在巴里坤湖景区出售民族特色产品

其次，主动作为，落实旅游政策促脱贫。乡党委、村党支部主动入户走访，对景点实地踏勘，积极与县旅游部门对接，宣传、引导当地牧民在景区办起牧家乐，经营当地传统特色饮食，销售哈萨克族特色奶制品、手工制品等，发展娱乐服务项目，丰富景区旅游内涵。"访惠聚"工作组经常深入景区查看、体验服务细节，找出旅游服务中的问题，并提出改善服务质量的建议。如：针对商店销售商品品种单一、类同现象，提出"丰富商品品种、一家一特色"等建议。该村党支部积极宣介自治区大学生自主创业优惠政策、景区从业优惠政策等，消除贫困户疑虑。

农牧民商店红红火火

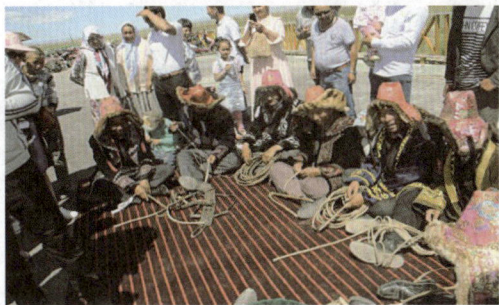
牧民在景区出售特色产品

最后，以点带面，打造旅游品牌促脱贫。依托巴里坤湖景区，该村党支部大力发展各种旅游特色产品，放大旅游品牌效应。巴里坤湖景区 1 号商店陈列的根雕、石头制品、刺绣品、饮料、水果、奶制品都明码标价。店主古丽娜尔每天将自家的奶疙瘩、酸奶等奶制品也拿到商店出售，5 月以来，每天可以卖出 2—3 公斤，进入 7 月旅游旺季，每天可以卖出 20 多公斤酸奶、骆驼奶、马奶，当地三塘湖产的玉石加工品也很走俏。

靠山吃山，靠水吃水。扶贫政策变成群众实惠，最终离不开因地制宜这个基本前提和制约。在贯彻和落实扶贫政策的过程中，基层党组织也要坚持实事求是的原则，以问题为导向，注重调查研究，进而找到扶贫政策与百姓实惠的结合点。就像尖山子村党支部那样，依托当地独特的旅游资源，在政策扶持的背景下，调动广大贫困群众积极参与，最终形成了脱贫致富的合力，走出了一条帮助牧民摆脱贫困、打开致富大门的好途径。

二、借助外力，充分发掘各种帮扶资源

一般来说，改变贫困的现状，大体上可以分为两种办法：一种是靠外力输血式扶贫，另一种是靠自力更生。但是，贫困地区之所以贫困，往往是单靠自力更生解决不了问题，这就需要外力的介入。国家的各项扶贫政策，从总体上来说，都是一种外部介入，最终的目的是让贫困群众脱贫。作为扶贫政策的快递员，基层党组织要善于运用政策优势，借助一切可以借助的外力，激发贫困群众改变命运、努力奋斗的精神气质，实现脱贫致富的目标。

➤ 借脑致富，开创扶贫开发新局面

不同的帮扶主体，具有不同的优势。只有了解了帮扶主体的优势，才能有效借助其帮扶的力量，实现自身的脱贫致富。从帮扶的方式看，帮扶包括智力帮扶、物力帮扶、社会辅助帮扶等方式。其中，智力帮扶是指帮扶主体通过整套扶贫政策设计，来帮助帮扶对象脱贫致富的方式。这种帮扶方式是一种最全面也最彻底的帮扶方式，帮扶单位往往在扶贫开发过程中占据较为主动的地位。吉林省榆树市刘家镇永生村党总支就通过这种借脑致富，开创了扶贫开发工作的新局面。

北京 8 所高校"智力帮扶" 22 个低收入村

科学规划，绘好蓝图。永生村紧挨榆陶公路，

地理位置优越，资源比较丰富，但历届村领导班子对于本村的发展没有规划，方向也不明确。在包保部门协调下，集思广益，初步提出了发展高效农业、生态农业

包保单位长春市委办公厅组织党员群众研究脱贫工作

和劳务输出业，走"公司＋基地＋农户"的发展路子。针对村屯道路建设，交通部门帮助制定了道路建设规划，力争用一年时间把土路、砂石路改造成标准化水泥路。针对改善民生，民政部门帮助规划建设占地面积3000平方米的幸福大院。针对村屯环境整治，林业、水利部门帮助制定了村屯美化、绿化，打造生态旅游村等规划。村干部说："有了规划，我们心里就有谱了，知道该干啥、怎么干了！"

科学施策，合力攻坚。永生村长期处于贫困状态，历史欠账较多，主要集中在水利设施、交通出行、基本农田建设等基础设施方面，而且这些问题涉及的项目、资金规模较大，仅靠村党组织和村委会很难解决。经包保部门长春市委办公厅多方支持，市委派驻第一书记亲力亲为，协调发改、交通、民政、农业、水利、林业等部门，帮助村子实施一些基础设施项目。交通部门对村里22.1公里的屯组路进行水泥面硬化；林业部门利用两年时间帮助美化、绿化村屯，栽植风景树木5万余株5.4万延长米，种植7公顷榛子林；水利部门启动了村域邢家沟水库除险加固工程；农业部门进一步做

163

永生村农机合作社库房

永生村新修的水泥路，路边统一新栽种金叶榆

永生村榛子林

大做强农机合作社，开展新农村建设……现在村里发生了大变样，村屯道路两侧风景树木错落有致，清一色的水泥路四通八达，出门不再是"晴天一身土、雨天一身泥"了。

建强支部，引领脱贫。永生村长期贫弱不振，与支部的涣散也有关系。前些年用老百姓的话说："支部软弱，书记腰杆不硬。"2012 年，刘家镇党委积极动员在本村创办塑料加工厂的党员王艳凤担任党总支书记。上任后，她走遍了全村 1000 多户农户，从解决农民土地纠纷入手，调整机动地承包价格，建村部，抓班子，搞帮扶，村领导班子成员天天都上班，老百姓有事随时都能办，党总支战斗堡垒作用和党员"双带"作用得到了发挥。2015 年，永生村党总支抓住长春市在榆树市开展农村基层组织建设"一个责任、四件实事"试点，全市上下大抓基层的有利契机，对现有村部进行"社区化"改造，建成高标准"一站式"服务群众平台，总结实施了服务群众"143 工作法"，党组织服务群众、引领脱贫的功能显著增强。

应该说，永生村的扶贫在很大程度上带有"输血式扶贫"的色彩，这一点与当下扶贫开发工作的趋势并不完全吻合。但是，从永生村的实际来看，这一扶贫方式应该说是对症下药。永生村以前是榆树市出了名的"老大难"村，共有 1077 户 3547 人，其中贫困户 231 户 578 人，为脱贫致富奋斗多年效果都不佳。当然，永生村也在强化党组织的方向上做出了很大的努力。通过帮扶与自主创业，一个新永生村值得期待。

借力脱贫，在强力帮扶下起飞

与借脑致富相对，借力致富也是一种非常常见的帮扶方式。贫

改建前破烂不堪的市场场景

改造后整洁一新的市场面貌

困地区的基层党组织如果遇到一个非常得力的帮扶对象，也可以非常快地借助他们的帮助实现脱贫致富。特别是帮扶对象具有强大的经济实力和组织能力的时候，帮扶往往会兼具物质帮扶与精神帮扶两种方式，在扶贫开发工作中更加具有示范意义。广东省陆丰市碣石镇桂林村党支部充分利用帮扶政策的优势，在深圳市投资控股有限公司党委强有力的帮扶下，带领村民实现了脱贫致富的目标。

建强组织，发挥党组织战斗堡垒作用。"党建带扶贫，扶贫促党建"是深圳市投资控股有限公司党委多年帮扶的重要经验。这次对桂林村的帮扶复制了这一经验，通过精心制订方案和选配帮扶干部，把扶贫工作列入责任部门和责任个人的考核范围，考核结果作为干部奖惩、选拔任用以及评先评优的重要依据，帮助加强村党组织阵地建设，配置办公器材，改善工作设施，健全规章制度和工作等方式，选派得力干部对接帮扶，为增强桂林村党支部的组织协调能力、发挥其在扶贫开发工作中的作用，创造了非常良好的条件。

选准项目，强化村集体经济。帮扶工作开展后，在深圳市投资控股有限公司党委的帮助下，桂林村党支部优先解决了村肉菜市场

166

这个难题。新市场建筑面积 3250 平方米，其中，商铺面积 1196 平方米，肉菜档口面积 504 平方米，走廊通道面积 1550 平方米，该项目壮大了村集体经济，每年增收 40 多万元，解决就业岗位 200 多个，很好地改善了桂林村的村容村貌，方便群众生产生活，覆盖服务人口 3 万人以上。

关注教育，改善教学设施条件。桂林学校是一所规模较大的城乡结合部完全小学，占地面积 6670 平方米，建筑面积 2998 平方米，学生 612 人，13 个教学班。学校硬件建设比较落后，其中 D 级危

■ 桂林学校新貌

■ 碣石镇桂林小学深投控教学楼落成典礼

房占比近 25%，达 739 平方米，严重威胁师生人身安全与学校财产安全，严重制约了学校教育教学质量的提高。在深圳市投资控股有限公司党委的帮助下，桂林村党支部对该校进行了改扩建，校容校貌焕然一新，受到了当地群众的夸赞："桂林学校现在的环境、管理都比以前好，大家都放心地把孩子送到村里的学校去了！"此外，桂林村党支部通过深圳市投资控股有限公司党委对贫困户子女发放的助学金及学习用品等，确保了贫困户适龄儿童"普九"入学率。

多方举措，完善村基础设施。桂林村党支部还利用帮扶单位的大量资金，维修桂林村海堤、建设垃圾池、修建硬底化村道、改造贫困户住房，维修村委办公室用房，建设宣传栏，配置电脑、打印机等办公器材等，大大完善了基础设施，改善了村容村貌和贫困户的居住条件，为当地群众带来了实惠。

在扶贫开发工作中，基层党组织扮演着组织协调各方、发挥党员干部模范带头示范、整合各方面力量和资源的重要角色，地位和作用之重要不言而喻。说到整合资源，外来的帮扶也是重要的资源之一，善于利用外援推动扶贫工作也是一种智慧。基层党组织一定要善于利用扶贫政策，借助政策这个杠杆撬动各种资源，全力实现脱贫致富的目标，并在这一过程中，增强村党组织的凝聚力和向心力。

▶ 做深做精，深度发掘帮扶资源

帮扶作为一项政策性特征十分突出的资源，运用得当，可以起到十分明显的效果。因此，对于贫困地区的基层党组织来说，应该重视这个资源，在条件允许的情况下，可以对这一资源进行深度

"发掘"，有助于形成帮扶的合力，促进贫困户脱贫致富。黑龙江省哈尔滨市通河县通河镇桦树村党支部利用驻村第一书记的人脉资源，搞活了网络销售平台，成为该村脱贫致富的重要支撑。

桦树村以种、养殖业为主的原字号生产经营模式，没有实体经济，基础设施薄弱，农民增收渠道单一，收入较低。2016年初，村党支部结合全村水稻种植产业优势，成立金辉水稻合作社，吸纳社员102户，水稻种植面积6300亩。党支部以成军食用菌合作社为依托，承包土地18亩，投入400万元建成了"成军精准扶贫食用菌基地"，吸纳30户贫困户入社，每户贷款2万元，共计60万元带资入社，同时基地还为60多个贫困家庭富余劳力提供务工就业。今年，基地建挂袋木耳大棚40栋，挂菌袋60万袋，地摆木耳40万袋，社

成军木耳合作社入社贫困户分红大会

桦树村精准扶贫食用菌基地

员与合作社三七分成，每户年底可获分红不低于3000元。

但是，这些成果要转换成扶贫效益，必须卖出去。如何解决销售渠道？该村党支部充分利用村党支部第一书记、市国土局主任科员王仲明的人脉资源，多方联系沟通，引进上海享雷网络公司"米袋网"网络平台项目，在米袋网建立自己的销售商务平台，

米袋网通河商城

打通了一条网络渠道。按照"互联网＋农业＋N"模式，在网上销售水稻、木耳等农副产品，不断推动智能化农业产业发展。米袋网通河商城于2016年春节前正式开通。仅春节前后，该项目已帮助村民销售农副产品近10万元，取得了良好的经济效益和社会效益。同时，借助这一网络平台，该村党支部还促成了"电子商务＋农业＋农产品加工、物流、度假、休闲观光、农耕文化、农事体验及乡愁记忆"等多业态共同发展。

配合网上销售的大好形势，村党支部进一步完善了农副产品销售的线下支撑模式。按照镇党委"一村一品"产业发展布局，该村党支部成立了桦树村农副产品销售公司，配备运输车辆，定时定期向哈市配送小园蔬菜和农家自养的笨鸡、笨鸭、笨蛋等农产品。村党支部协助农副产品销售公司抓好农产品的销售配套服务，建立稳定的销售渠道，培育和完善优势农产品市场体系，促进产供销一体化发展，将农民种植的大米，采摘的木耳、蘑菇、山野菜，以及亲手制作的干豆腐、煎饼、豆包、酸菜等进行统一管理和销售。目前，公司已正式运营，累计销售额已超过20万元。

随着2020年全面建成小康社会的目标越来越近，扶贫开发已经成为全国层面的硬任务。如何利用一切可以利用的力量完成这一任务，不仅关系到全面建成小康社会的宏伟目标能否实现，更关系到每个贫困户的切身利益。基层党支部应该抓住每一个机遇，在整个扶贫政策助力脱贫的大背景下，充分利用各种可以发掘利用的资源，为农民脱贫致富和村级经济发展注入活力。

三、发动群众，确保扶贫政策坚实落地

　　贫困户是扶贫政策关注的主要群体，也是扶贫政策落地的重要参与者。没有贫困户的参与，扶贫政策就会沦为一纸空文而没有任何意义。这就要求基层党组织在执行扶贫政策的过程中，一定要注意吸收群众参与，通过对政策的宣介、典型示范等，让群众也吃透政策、看到甜头，进而激发自身脱贫致富的内在动力。群众参与的程度可以说是扶贫政策的试金石，在很大程度上决定了扶贫政策是否接地气，以及政策的效果如何。

▶ 以法治村，让扶贫政策有靠山

　　依法治国是我们党的基本治国方略，是"四个全面"的重要内容之一。法治作为一项有效的公共治理方式，对于扶贫开发工作同样具有重要意义。在推进扶贫开发工作的过程中，基层党组织也应该坚持法治思维。法治思维有助于增进扶贫政策的公信力以及基层党组织的凝聚力和向心力，有助于动员和凝聚全社会力量广泛参与，多点发力、各方出力、共同给力，有助于保证扶贫政策的连续性、扶贫资金运行的安全性和投入使用

《中共中央关于全面推进依法治国若干重大问题的决定》全文

的有效性，以及阶段性扶贫开发成果的巩固和提升。在落实国家扶贫政策的过程中，辽宁省丹东市宽甸满族自治县大西岔镇杨林村党总支部坚持法治思维，依法治村，成为扶贫政策落地的最大靠山。

杨林村总面积 34.5 平方公里，总人口 2063 人，村党总支下设 3 个党支部，8 个党小组，共有党员 74 名，全村现有贫困人口 63 户 192 人，占全镇贫困人口的 12%。近年来，村党组织坚持"党建先行"的模式，坚持依法治村，找到了落实扶贫政策的关键所在。依法治村，主要体现在实行"四会治村""四步议事""四式公开""四制监督"措施，通过"四个四"措施，一方面，充分保障了村民的知情权、参与权、监督权，从而激发了村民参与扶贫的积极性和主动性；另一方面，也巩固和强化了村党组织的领导核心地位，提高了村党支部的威信。

支部坚强有力，政策落实就有了底气和保障。村党支部发挥党员干部先锋模范作用，激发群众脱贫致富激情。村干部带头创业，把"打铁还需自身硬"作为履职之根，积极引领村民既富脑袋又富口袋，实现"富十人、带百人"目标。自 2007 年起，该村党组织先后创办集体蓝莓基地、板栗加工厂、养牛厂，为贫困群众提供就业岗位 200 多个，实现村民人均增收 1000 余元。2015 年创办股份制集体黑果花楸基地 500 亩、发展软枣猕猴桃 200 亩、蓝莓基地 130 亩、跨区发展观光采摘蓝莓基地 30 亩，实现了集体经济增长和群众增收互动双赢。

为了推动扶贫政策的落地，村党组织还采取多种措施，通过长期项目（资金入股分红）和短期项目（庭院经济）相结合的方式，帮助党员群众逐步摘掉贫困枷锁。一是组织村内懂技术、会管理、有活力的党员致富能手，成立党群致富帮带小组，建立了

■ 入股产业基地

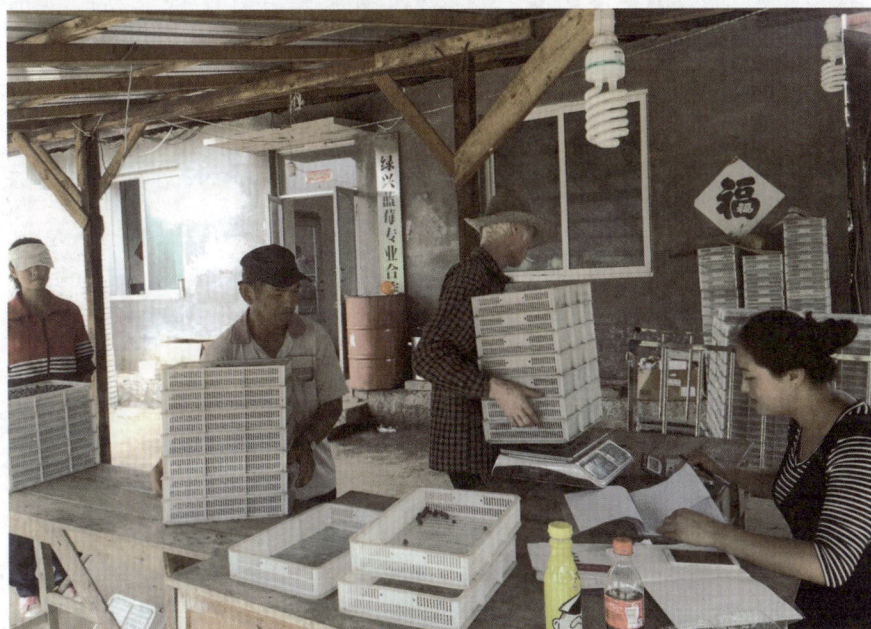

■ 贫困户群众在基地务工

173

"党员＋致富能手＋贫困户"的"一帮一""一帮多""多帮一"结对互助制度，为每家贫困户制定脱贫对策。二是实施"支部引路＋产业扶持＋群众参与"的"三位一体"产业扶贫措施，鼓励贫困户以国家扶贫资金入股集体产业基地成为股民，把"死钱"变"活钱"获取股金分红，同时又受雇获取劳动报酬，使他们有稳定的收入不再返贫。三是借力电商售农货，打开脱贫大市场。2016年，村党组织在县委组织部支持下，建立了电商平台帮助贫困户销售自家采摘的山野菜、鸡鸭鹅蛋等土特农产品，销售额达10万多元，为60多个贫困户人均增收700元。

在扶贫中彰显法治思维，本质是对扶贫政策公信力的肯定。因为有了这样一个法治"约定"，贫困户对政策就比较容易产生预期。在此基础上，基层党组织的一些配套措施，比如典型示范、成效激励等方式，就比较容易获得贫困户的认可。杨林村的扶贫开发工作从"输血"到"造血"，村民的精神状态从"等靠要"到"内生动力"，扶贫政策生根结果，再一次表明

贫困户庭院经济

微商平台助脱贫

了法治思维的重要性。

确保群众四权，破解资金难题

对于很多贫困地区来说，不缺资源，不缺人力，贫困户脱贫致富的最大制约往往恰在资金上。在扶贫开发实践中，扶贫资金有着贫困群众的"保命钱"和减贫脱贫的"助推剂"的美誉，多年来对加快贫困地区发展、改善扶贫对象基本生产生活条件，发挥了重大作用。但也要看到，资金也是出问题较多的地方，虚报冒领、挤占挪用、滞留沉淀和监管弱化等问题，不同程度地弱化了资金的积极效应。与此相应，扶贫资金的筹集使用情况等，也成为衡量扶贫政策效果的重要参考指标之一。

张家口市尚义县南壕堑镇十三号村位于张家口

张家口：产业化扶贫刨穷根儿

市尚义县城南，土地十分贫瘠，粮食产量极低，是全县有名的贫困村。2009 年村"两委"换届后，村支部书记姜万河带领新一届领导班子解放思想、转变观念，通过几年精心建设，终于由全县"最穷的村"一跃成为全县"最富的村"，人均增收 3000 余元。2016 年，十三号村支部被评为"河北省先进基层党组织"。在落实旅游兴村发展思路的过程中，十三号村党支部，通过"一清四议两公开"的办法，严格扶贫资金的使用，使扶贫政策获得了贫困户的大力支持，保证了扶贫政策的效果。

旅游兴村主意不错，但资金短缺是个大问题。"两委"班子一方面四处筹款，寻求外援；另一方面，则内部集资，通过干部带头的方式解决资金缺口。仅村支书姜万河累计垫资就达 20 多万元。资金来之不易，资金的管理使用问题就更加凸显。这是因为，一旦管理不善或者使用不当，脱贫致富可能就会从此落空。因此，在资金使用中，村"两委"班子严把程序关，坚持渠道不乱、用途

新修建的街道

十三号村门楼

不变，所有涉农惠农资金严格按照"一清四议两公开"程序进行，村监会全程监督，确保农民群众真正享有知情权、参与权、表决权、监督权。扶贫项目、危房改造等对户资金，完全兑付到户；新建窑洞连同宅基地，作为股份加入公司统一经营；装配式 CL 集成住宅、街道建设、村庄绿化等基础设施、公益事业项目，严格按照一事一议进行建设。十三号村的这些措施，有效地提高了惠农资金使用效果，2016 年十三号村整合投入各类涉农资金 400 多万元，并撬动社会和民间资金 370 多万元参与美丽乡村建设。而惠农一旦落到了实处，贫困户的热情又随之激发，于是就有了一个良性循环。

应该说，资金的严格管理，也为十三号村党支部赢得了良好的声誉。这种无形资产在推动当地贫困户脱贫致富中的作用同样不容小觑。依托旅游产业，村党支部带领村民组建起三大合作社：一是

新建陕北风情主题窑洞

农宅合作社，新建陕北风情主题窑洞 53 孔 38 套，并成立彩色坝头旅游开发公司进行集中管理，统一经营，盈利年终按股分红。二是养殖合作社，建成了占地 20 亩的养殖小区，配建屠宰加工厂 1 个、冷库 2 座，注册"占财"商标。三是种植合作社，通过土地流转盘活闲置坡地 700 亩，改造成旱作梯田，统一种植了油菜及观赏性中药材，并建成 40 个春秋大棚、30 个光伏发电冬暖棚、8 个有机蔬菜和草莓观光采摘大棚。

多地扶贫实践表明，贫困地区的贫困往往是一环套一环的结果，比如，资金短缺导致基础设施滞后，而交通不畅又制约当地产业的发展和资源的开发，这种制约导致村民收入不高，集体缺钱，等等，具有"一贫俱贫"的特征。在这种情况下，扶贫政策落实，关键是打开这个链条，找准突破口。十三号村党支部找到了这个突破口，并且取得了很好的效果。如今，三个合作社的组建，覆盖了全村所有人员，使村民们真正成为土地流转收租金、合作社入股分股金、就地打工挣薪金的"三金"农民。而"春看绿、夏赏花、秋摘果、冬滑雪"四季特色旅游村的愿景也在一步步实现。

▶ 参与监督管理，主人翁精神助力合作社

全面小康，不落一人。到 2020 年，使 6000 多万贫困人口如期脱贫，是一项艰巨的历史性任务，必须凝聚脱贫攻坚合力，把脱贫攻坚抓紧抓准抓到位，决不让一个地区掉队，决不让一个贫困户掉队。而这一扶贫战略的落实，离不开 6000 多万贫困人口的支持。贫困户参与的主动性一旦得到激发，扶贫政策与扶贫项目往往会收到事半功倍的效果。贵州省铜仁市万山区敖寨乡中华山村党支部，通过贫困户参与合作社监督和管理，使主人翁精神成为推进落实扶

172 户贫困户签订入股协议

中华山村产业园

贫政策的重大动能。

为让贫困户脱贫，2014 年以来，中华山村支书毛照新带领村干部在浙江经过两个月的实地考察，决定成立合作社带领村民发展黑木耳产业。村支"两委"在上级部门支持下整合精准扶贫项目资金 100 万元和专项扶持资金 539.6 万元，用于厂房、烘干房、生产便道等基础设施建设。为了调动广大贫困户的积极性，按照"村两委＋合作社＋贫困户"模式，由村委会带头组建集体经济专业合作社，全村 172 户贫困户被吸纳为社员，直接参与到合作社产业规划、生产和监管等环节，做到自主实施和项目决策，从原先政府主导变为农户主导。

2015 年，中华山村创新推行精准扶贫"622"分配机制，让脱贫对象成为精准扶贫项目的参与者、建设者、管理者。"资金分红，将纯利润的 60％用于贫困户、20％用于村级积累、20％用于合作社管理人员奖励，形成对扶贫对象和管理人员的正向激励。"这种看得见的利益，对贫困户是一个极大的激励。而且，对于合作社员工的工资发放、日常管理、绩效考核等问题，广大贫困户也都有权利参与。用敖寨乡党委书记杨洪海的话说，"通过每季度召开社员大会，评议工资发放、通报生产情况和考核管理人员业绩等，让贫困户充分参与扶贫项目的管理和监督，主动参与脱困过程"。

这种参与监督管理的方式，培养了广大贫困户的主人翁精神，让他们认识到了合作社的利益所在，从而能够自觉维护合作社的整体利益。44 岁的贫困户舒兴芬是社员之一，曾经谈到这样一件事，"合作社的事情大小都是我们自己说了算，账目摆在办公室里可以随时查看。当时支书提出 60％利润平分给我们 167 户，我们有的家里人口多觉得不公平，合作社同意家里人多的优先安排到基地打工，除了分红还按月开工钱。吵到最后大家也就同意了，这是好事，不能让它黄了。"

这种管理方式，还激发了贫困户的自信。以前，村里大龄青年特别是男青年结婚是个老大难。但是，参加了合作社的青年杨秀峰30岁还没结婚，却并没有"压力山大"的感觉。因为合作社让他的心里有了底。2015年，在村里领办的合作社引导下，他决定不种稻谷种香菇。"种稻子一亩最多收1000斤，赚不了几个钱，合作社种食用菌，一个菌棒就能产0.2斤干菌，至少能卖5块钱。"按照这个价，2016年5月份的香菇采收完，他就赚了一两万元。

扶贫工作效果显著的地方，扶贫人员和困难群众往往是双向配合的关系。有的地方，扶贫政策落实得好，有的地方则落实得不好，困难群众的精神面貌是一个重要的因素。因此，扶贫攻坚工作要告别"一头热一头冷"的局面，要激发出群众的主人翁精神。对于基层党组织来说，就要尊重人们自主发展的意愿，推动扶贫政策、帮扶措施与帮扶对象的需求有效衔接，切实调动困难群众的积极性和参与度。

第七章
抱团脱贫，合作化谁是"弄潮儿"

习近平总书记考察黑龙江"粮仓"时指出，农业合作社是发展方向。在长期的农村经济体制改革的实践中，人民群众创造了合作社这种形式。一般来说，合作社是劳动群众自愿联合起来进行合作生产、合作经营所建立的一种合作组织形式，它有两个基本特征：一是合作，是联合的体现与结果；二是它的经济属性，合作社具有生产、交换、分配、消费等功能，是一个经济主体。随着对产业扶贫模式的新探索，许多地区动员贫困户组织起来，成立相应的专业合作社，对内可以联合贫困户，集中力量办大事，对外可以承接各种帮扶资金与项目，从而产生规模效应。而从各地的一些成功案例来看，有党组织支撑的合作社，都能够做到"握指成拳"、集中用力、精准发力，都能够充分发挥各级党组织作用，凝聚和支持民营企业、社会组织、个人参与扶贫开发，实现社会帮扶资源与精准扶贫有效对接。

一、党建引领是合作社"履职"的重要保证

合作社作为一个重要的组织，在扶贫开发中的角色已经为实践所证实。但这一组织角色的实现，并不是自然而然的，而是要以一定的条件为前提。这一前提就是基层党组织的引领。党的基层组织是党在社会基层组织中的战斗堡垒，是党推进扶贫政策的基础。合作社是基层党组织推进扶贫政策的重要平台和载体，基层党组织的凝聚力、影响力、战斗力，直接决定了合作社的效率和效果。

黑龙江龙江县农业合作社让扶贫更精准

▶ 党建抓产业，合作社是平台

群众富不富，关键看支部。扶贫开发、党建先行，已经成为推进扶贫开发工作的重要经验。但是，基层党组织的引领和带动作用不是自发就可以形成的，而是必须要把群众组织起来，把资源组织起来，只有这样，扶贫政策、产业政策才能够扎实落地，真正达到造福贫困户的目的。而这个平台，就是合作社。在贫困地区，合作社集中了资源、人力、政策和管理等诸多优势，成为党建引领脱贫致富的重要抓手，反过来又对基层党建具有促进作用。

吉林舒兰市2016年合作社扶贫分红150多万元

福建省永泰县嵩口镇溪口村位于永泰县嵩口镇东大门，距县城46公里，有白湾等4个自然村，共316户1231人，其中贫困人口8户30人，建档

立卡贫困户年人均收入仅 3100 多元。全村耕地面积 786 亩，生态公益林 4600 多亩、商品林地近万亩、竹林 400 亩。溪口村虽然是李果之乡，全村家家户户种植李果，共计约有 3000 亩，但由于靠天吃饭，李果之乡长期没有转化为村民脱贫致富的资源。近年来，在国家大力推进精准扶贫政策的背景下，该村党支部带领村民成立了永泰县农友之家果蔬专业合作社，以"民办、民营、民受益"为

建立农业科技试验示范基地，提高李果产量

组织开展李果修剪技术培训班，提高农户培育技术

建设占地 200 亩的无公害蔬菜生产基地

原则，以改善基本生产生活条件、推进农业产业开发为目标，逐步实现了村民增产增收、摆脱贫困的目标。

党建引领抓产业。以抓党建引领抓生产，由村党支部书记张孟秋担任合作社理事长，党员带头并发动群众以土地入股、资金入股等方式加入合作社，共吸纳80多户村民成为社员，使资源变成资产、村民变成股民。坚持"经济项目建设到哪里，党的组织就覆盖到哪里"，合作社5名党员成立党小组，带领合作社成员实施连片开发、规模化发展，联合40多户建成1700亩的优质芙蓉李等水果基地和200亩的无公害蔬菜生产基地，其中无公害蔬菜生产基地可实现年销售额80万元。同时，依托合作平台优势进行农产品销售，为社员拓展农产品销售渠道和市场，增加产销利润。

精准扶贫找出路。针对村内8户贫困户资金来源少的问题，村党支部组织村"两委"及合作社成员代表共同研究，确定了"合作社担保、贫困户贷款、政府还息"的脱贫资金帮扶方案，由镇政府推荐并贴息，合作社作为贷款担保人，为扶贫对象争取到每人每年5万元贷款额度。扶贫对象既可以利用贷款自主生产创业，也可以用5万元资金入股合作社项目，每年得到合作社保底分红6000元，降低创业投资风险。同时，吸收有劳力的扶贫对象参与合作社务工，并安排党员"一帮一""多帮一"，帮助每个扶贫对象年增收2000元。

技术服务促增收。坚持科技兴农、科技富农，合作社联合省农科院、福建农林大学等单位，开发优质品种的李果基地标准示范片500亩，并发动党员带头领办项目、学习技术，为群众提供技术和信息服务，带动村民学科技、用科技，提高农民致富本领。同时，为解决农产品易腐烂不耐储存等问题，合作社党小组经过调研分析，推动合作社配套建设了芙蓉李、蔬菜收购厂房及李果、蔬菜、淡李干保鲜冷库，通过冷藏技术延长农产品销售期，降低农户市场风险，确保农产品保值增值。

在党支部的领导下，合作社的作用得到了充分的发挥。近年来，参加合作社的村民每户平均每年增收近两万元，人均年收入也超过 1.2 万元，村民的生产生活条件得到很大改善。当前，溪口村合作社已经成为嵩口镇农业经济发展的亮点之一，连续两年承办永泰县李果采摘季，并在 2015 年被评为"福州市农民专业合作社示范社"。另一方面，良好的发展势头又调动了村民的积极性，村民的主人翁意识得到了激发，纷纷把合作社的项目当成自家事来做，反过来为合作社的快速发展势头提供了保障。

▶ 合作社是党组织与贫困户的连心桥

在扶贫开发实践中，基层党组织是扶贫政策的宣传者、组织者与推动者。而这"三者"的对象，就是贫困群众。换言之，"基层党组织＋贫困群众"两个积极性得到了充分发挥，扶贫开发工作才有保障。两者结合的过程中，合作社则发挥了连心桥的作用，一边连接基层党组织，连接着党和政府的扶贫政策与各种帮扶资源，另一边则连接着扶贫对象，即广大贫困群众。合作社办得好，基层党组织与贫困群众就结合得好，扶贫攻坚的任务也就完成得好。江西省吉安县横江葡萄专业合作社党支部就通过"支部＋合作社＋贫困户"的扶贫模式，带领贫困群众走上产业脱贫的致富路，取得了良好成效。

合作社成为基层党组织动员贫困群众的重要纽带。横江葡萄专业合作社立足葡萄产业，把基层党

江西吉安县：精准扶贫，助农增收

187

组织的领导与广大贫困户参与有机结合到产业发展中来，实现了产业的快速发展。"支部＋合作社＋贫困户"的帮扶模式，充分发挥了合作社党支部和贫困群众两个积极性，党支部的战斗堡垒作用得到凸显，1180 户贫困户主动加入学习种植葡萄行列。目前，基地总面积 1.5 万亩，形成 22 个葡萄专业村，辐射 16 个乡镇发展葡萄产业。发挥内联贫困户、外联市场的纽带作用，成功举办了十三届"横江葡萄节"，主攻大型超市和水果批发市场，为贫困户提供"统一组织货源、统一商标、统一包装、统一定价、定点销售"的全程保姆式服务，推动资源整合、要素重组、抱团发展，解了贫困户"有市无价、有价无市"的心结。

　　背靠合作社这棵大树，党员带头结穷亲。以精准脱贫典型宣讲会为平台，合作社党支部书记肖章瑛等 7 户党员示范户在全县巡回演讲、现身说法，帮助贫困户算好致富账，让他们树立"党员带

党员致富能人与贫困户结对帮扶

头、万事不愁"的信心，引导71户党员大户"做给群众看、带着群众干"，就近与182户贫困户结成帮扶对子，免费提供苗木、传授技术、代购药肥，构建"党员示范户＋贫困户"的利益共享机制，让贫困群众尝到了实实在在的甜头。

第十三届横江葡萄节开幕式

合作社提供大舞台，服务保障促脱贫。横江葡萄合作社党支部坚持先给平台、再给位子，先当配角、再当主角，先挑担子、再给身份

吉安县屋头村开展横江葡萄品评活动

"三先三再"培育模式，把42名致富能人选入村级后备干部库，肖光明等6名党员能人当上了葡萄产业村的带头人。从澳大利亚、广西兴安、江西农大等地聘请十余名专家到合作社授课8期、培训贫困户477户。村民吴冬华想种植葡萄，苦于没有技术和资金，合作社党支部帮其流转11亩荒山坡，贷款10万元作为启动资金，现年纯收入5万余元。吴冬华逢人便

夸："党的政策好，党的干部好，产业脱贫好！"

合作社就是党与群众的连心桥，最大限度地调动了扶贫开发中最重要的两个主体，极大地推动了扶贫开发工作的进展。横江葡萄合作社党支部以"支部当导演、市场作舞台、合作社唱大戏"的"党建＋精准脱贫"模式，让党的扶贫政策与贫困群众有机对接，恰似甘霖逢大旱，两者很快就紧密地结合在一起，形成了最为持久的扶贫开发能量。横江葡萄合作社党支部立足横江葡萄合作社，使一大批农村党员成为带领群众脱贫致富的"贴心人"、一大批致富能人成为脱贫攻坚的"生力军"，带动全县成立专业合作社334个、组建合作社党支部299个，全县种植横江葡萄4.8万亩，实现"示范—基地—产业"三级跳，吉安县被评为"中国葡萄之乡"，为打赢脱贫攻坚战提供了可复制可推广的经验。

➤ 合作社是党组织落实扶贫政策的组织单位

作为基层党组织与贫困群众之间的纽带，作为基层党组织落实扶贫政策的重要平台，合作社的重要性还体现在它的基本组织单位这一特点上。这一基本组织单位的确立，有助于基层党组织更好地落实扶贫政策。基层党组织可以因地制宜地建立不同定位和产业形态的合作社，引导不同类型的贫困群众发挥各自的优势，早日脱贫致富，从而让扶贫开发工作的各个环节更加精准。吉林省松原市乾安县余字乡岁字村党支部就通过这种方式找准了发展路子，走上了自力更生脱贫的道路。

岁字村位于乾安县余字乡西部，该村有贫困户59户115人。在脱贫攻坚的号角下，岁字村党支部深入了解了贫困状况，制定了岁字村脱贫攻坚工作实施方案、村屯建设规划和产业发展三年规划，根据该村特点，组建了种植业合作社、棚膜经济合作社、养殖业合作社等三个合作社，从根本上推动贫困人口脱贫致富，增加村集体收入，成为贫困户脱贫致富的重要支点。

首先，筹资 70 万元、集约耕地 80 公顷，组建了种植专业合作社，发展特色种植业，吸纳社员 12 户，其中贫困户 6 户。针对岁字村土地盐碱化、土壤质量差的实际，争取松原市市政府支持，协调 300 吨土壤改良剂，共改良耕地 120 公顷，有效解决了土壤板结的问题，改良土壤微环境，推动蔬菜种植增产提质。其次，采取农户每栋出资 500 元、不足部分由村集体垫付的方式，今年共建设完成 114 栋瓜菜大棚，面积 5 万平方米。同时与帮扶部门协调，投资 160 万元，建设瓜菜暖棚 8 栋，每栋 1000 平方米，目前已经建设完成 3 栋。最后，筹措资金 400 万元（群众自筹 200 万元，利用县养羊扶持政策贷款 200 万元）成立了养羊专业合作社，

蔬菜大棚

养羊专业合作社

入社农民 40 户，其中贫困户 23 户。

三个合作社各有侧重，又相互支撑，大大加快了该村脱贫致富的步伐。2016 年，114 栋瓜菜大棚共承包给 18 户（其中贫困户 10 户），每栋实现经济收入 7000 元左右。投资 200 万元建设畜牧小区，建成后吸纳贫困户加入养殖合作社，以入股分红形式实现增收脱贫。目前，全村人均收入达 8000 元，贫困户人均纯收入达 3000 元。

合作社作为基层党组织落实党和国家的扶贫政策、推进扶贫开发工作的基本组织单位，也是广大群众的自治单位。这种自治单位，既照顾到了贫困户的多样性和复杂性，也有助于同一类别贫困户组织起来，把分散的力量积聚起来，使之能够发挥更大的作用。这是精准扶贫的内在要求。各地党组织在扶贫攻坚的过程中，对于这一点，应该给予足够的重视。

二、合作社是承接帮扶资源的重要载体

扶贫开发，从这个名称上就可以看出，必须有"扶"的力量。在经济社会发展的过程中，各个地区呈现不平衡的态势。扶贫开发工作作为一项重要的社会政策，就是利用政府的力量，推动经济发达地区和已经富裕起来的组织、个人对贫困地区、贫困群众进行帮扶。对于贫困地区和贫困群众来说，如何承接好各种外来资源，就成为脱贫致富过程中不能忽视的一个问题。相较于分散的个体贫困户，各种形态的合作社在推动输血式扶贫向造血式扶贫转化的过程中，扮演了更为重要的角色。

对接帮扶单位，落实帮扶政策

以单位为主体的一对一是帮扶的重要形式之一，也是我国扶贫开发的重要经验。一般来说，帮扶的一方往往具有政策、资源、智力等各种优势；被帮扶的一方则需要把这些优势转化为自身脱贫致富的能力，最终实现脱贫致富的目的。当前，扶贫开发已经从粗放式扶贫向精准扶贫转变，单方面的输血式扶贫也正在向双方互动的造血式扶贫转变。在承接外来帮扶资源时，基层党组织不宜简单地采取一对多的方式，让贫困户被动地接受帮助，而应该通过把贫困户组织起来，变帮扶力量为自我发展动能，实现帮扶政策效果的最大化。于是，合作社就成为承接帮扶资源的首选。

安徽省阜阳市颍东区吴寨村，集体经济多年无收益，是有名的"空壳村"。结合实际，在帮扶单位安徽省财政厅的协助下，吴寨村党总支把盘活土地资源作为脱贫致富的基础性工作。通过科学规划，集中财政农发土地治理项目资金和一事一议奖补资金，整合相关涉农项目资金，实施农田综合开发、村庄环境综合治理。在此基础上开展招商引资，引进多家企业，争取整合资金发展特色产业，建设东华西兰花、恒兴草莓、丰海生态农庄、阳光花卉等4个扶贫产业基地，为企业入驻和发展生产创造良好的外部环境，助推吴寨由传统农业向现代农业转型升级，为壮大集体经济奠定基础。

为了对接这一发展战略，吴寨村成立土地股份合作社，按照依法自愿有偿的原则，把分散在一家一户的土地集中起来，采取统一生产、对外发包、投资入股等方式经营土地资源，统一发包给引进的企业建设蔬菜、草莓、花卉基地7000多亩，引导409户村民以1387亩土地的承包经营权入股，在944元/亩保底收入的基础上，

扶贫资金配股扶贫

西兰花扶贫基地

参与二次分红。

发展生态营造好了，吴寨村还成立了其他各种合作社，推动农民增收。吴寨益民种植专业合作社与阳光花卉公司签订合作协议，

成立集体所有制服务公司

采取"先培训、再实习、后实施"的模式，首批组织 6 户贫困户，承包智能温室一座参与花卉种植，建立奖惩机制，统一技术指导，保底价回收，预计每户年增收 15000 元以上。幸福农业服务专业合作社，为入驻企业提供全程、优质的综合服务，每年可收取服务费 3 万元，同时组织赋闲在家劳动力 400 多人在企业基地务工，人均年增收 1 万多元。

在运营管理上，采取"公司＋合作社"机制。在帮扶单位的协助下，吴寨村党总支运用颍东区财政安排的贫困村村级集体经济发展引导资金和省注册会计师协会会费结余资金，注册成立阜阳市吴寨创业经济服务公司，统一管理运营村集体资金、资产和资源，统一管理服务全村经济发展事务。根据土地流转、种植养殖、综合服务等实际需要，由吴寨创业经济服务公司牵头领办相关专业合作组织，初步构建了村"两委"统一领导、公司统一管理、合作社分工负责的村级集体经济管理运营机制。

合作社是合作组织，也是经济组织。在市场经济深入发展的背景下，以合作社为基本组织单位，克服了个体贫困户资源分散、力量弱小的不足，既有助于对自有力量进行组织和整合，也有助于对宝贵的扶贫资源进行优化配置，从而让帮扶效果最大化。吴寨村党总支通过合作社承接帮扶单位的帮扶资源，破解"空壳村"困局的成功实践，证明了合作社角色的重要性和可行性。这对其他地区帮扶政策的落实与承接，提供了有益的启示。

▶▶ 对接帮扶公司，发展富民产业

专业合作社，相比单打独斗，有了一定的规模效应。但是，在大市场的海洋里，遇到大风浪，还只是像一艘小船。尽管在合作社里也有一些当地的能人主事，但是遇到稍大一些的风险，也难以承受。在我国扶贫开发的实践中，许多农村党组织所做的一件大好事，就是引进那些有社会责任担当的企业，实现企业与合作社的对接，借助企业的资金、技术、项目等各种扶贫所必需的资源，把本地的优质资源变成优势产业，从而推进产业扶贫，有利于从根本上消除贫困。

海南省昌江县在新一轮产业扶贫过程中，采用了海南以往的产业发展经验——"大企业进入"的产业发展模式，引进有实力的大企业加入，对专业合作社模式进行升级，从而形成"大企业＋合作社＋农民"的产业扶贫模式。这种新型产业扶贫模式，由于有大企业的加入，增强了产业抵御风险的能力。大企业资金雄厚、技术力量强大，拥有广阔的市场，且具有市场经营管理的能力。这样一来，使昌江的产业扶贫实现了"四个

海南：立足实际，切实抓紧抓好产业精准扶贫

海南昌江农民种植的桑树

升级版"：变单干为合作
实现模式升级、变低效为
高效实现品种升级、变粗
放为精细实现技术升级、
变特色为品牌实现品牌
升级。

　　例如，2014 年引进
的上谷茧丝绸有限公司，
推动种桑养蚕产业在昌
江落地。至今，全县种
桑 6300 亩，建成 3 个产
业园、4.2 万平方米蚕房、
1 个蚕茧初加工厂、1 个
桑树育苗基地，种桑农户
702 户、养蚕农户近 700

海南昌江玉绿宝生态农业有限公司特种山猪养殖
基地

海南昌江绿盈种养专业合作社养殖的和牛

户，饲养大蚕 3363 张，收获蚕茧近 1 万公斤，收入近 400 万元，养蚕户实现户均收入 5700 元。例如，2015 年引进的玉绿宝生态农业有限公司，推动了山猪养殖产业在昌江落地。目前，全县建成猪栏舍 24697 平方米，养殖山猪 8700 多头，年出栏量约 11000 头，成立山猪养殖专业合作社 6 家，参与产业农户 529 户，养殖户实现户均收入约 20790 元。引进海南石通农业有限公司，投入 1000 多万元推动深受国内中高端市场欢迎的和牛养殖产业在昌江落地，目前，全县共成立 20 个和牛养殖专业合作社，养殖户 487 户，养殖和牛 1906 头，户均收入超万元。

《海南日报》有一篇题为《昌江培育种养结合的现代农业摁下脱贫"快进键"》的报道，介绍了该县塘坊村抱团养野猪的经验。该养殖示范基地是该县引进特种山猪养殖产业以来，在"公司＋合作社＋农户"模式下投产的第 5 家养殖基地。该基地由塘坊村 250 户农户组建合作社进行经营，其中贫困户 72 户，残疾人户 49 户。基地建设由县政府投资 500 万元建设配套设施，设计年出栏量可达 3800 头。龙头企业免费提供猪苗，还帮助当地村民实现种苗、技术、资金和品种的升级。目前，合作社有野山猪 1500 头，第一批出栏约 300 头，企业以每头 1000 元的协议价回收，30 万元的收入平均下来，每户农户将有 1000 多元的分红。按照每月出栏 300 头的计划，一年下来就是 1 万多元。

▰ 对接社会力量，全力推动脱贫

一般来说，对于一个贫困地区来说，能否脱贫主要取决于两大因素：一是自身发展的能力，二是外来帮扶的能力。外来帮扶力量与自身自力更生的结合，将产生巨大的脱贫力量。为了实现全面建成小康社会的目标，扶贫开发一方面需要提高自力更生的能力，组建合作社的方式已经为不少地方的脱贫实践所证明；另一方面，则需要动员一切可以动员的力量，加快自身脱贫致富的步伐。合作社可以说是承接各种社会力量帮扶的重要组织，将极大地推动内外两个因素的高效结合。青海省湟中县土门关乡上山庄村在第一书记的引领下，通过合作社的方式，争取社会各界帮扶力量，走上了持续健康发展的致富之路。

西宁市公安局选派上山庄村的扶贫第一书记种延宁认为："要实现村庄可持续发展，贫困户持续稳定脱贫，必须有产业项目作为支撑。组织上既然派我到村里来扶贫，不能只是给村里做一些慰问式扶贫、灌溉式输血就走人。我不但要为村里'输血'，更要为村里'造血'。"上山庄村共有 152 户 592 人，列入精准扶贫计划的贫困户 26 户 85 人。种延宁带领扶贫工作队到该村后，把调查研究作为开展工作的重要基础，通过深入群众、走社入户、多地调研，

上山庄花海

奶牛养殖

种延宁给村民讲解种植技术

最终确定了依托村里自然环境、地理位置优势，走发展乡村旅游经济的路子，并立足这一定位，大力发展特色养殖产业。

目标确定以后，接下来就是为实现目标创造条件。说干就干，种延宁带领村"两委"班子，积极寻求社会力量参与共建。2015年初，上山庄村正式引进了青海金鹿观光旅游公司投资建设，计划投资1500万元打造上山庄村乡村旅游项目，实现贫困户劳动力本村就业，以旅游带动村级产业发展，进而推动整村脱贫，预计贫困户年收益能超过2万元。截至目前，该项目累计投资300余万元，建成观光路、养殖厂、观光亭，其项目生态园正在建设中，贫困户投工投劳日收入120元，每户可增收4000元。项目建成后，仅采摘园就可直接解决贫困户劳动力30人的务工问题，按每户每人每月1500元至2000元收入计算，贫困户年收入可以达到2万余元。

这些外来项目和资金等，能够与当地群众脱贫致富的意愿发生积极的化学反应，合作社发挥了重要作用。比如，为推进落实发展养殖业，扶贫工作队根据村上有养殖经验但无销路的现状，积极联系协调有实力的企业厂家，决定围绕牛羊养殖发"洋"财，成立了上山庄村种植专业合作社，成为上山庄村脱贫致富的重要堡垒。立足合作社平台，该村党支部组织村里养殖能人到"青海互帮农业开发有限公司"观摩学习，采取"企业＋合作社＋贫困户"的方式，建立企业、合作社和贫困户利益联结机制，充分发挥企业、合作社在产业扶贫中的带动作用，激励和引导贫困户将每户每人5400元扶贫到户资金投向企业、合作社，发展养殖产业。目前，该企业与13户无劳力贫困户签定代养协议，实行分红制，共计向企业投入到户资金23万元，以三年为期，每年按10%分红，通过这一举措有效解决了农村贫困家庭无劳力、自我发展能力不足的问题。

上山庄村的帮扶力量比较多元，既有组织帮扶，也有企业帮扶，而且帮扶方式也不尽一致。帮扶单位越多、帮扶力量越大，对于待脱贫地区无疑是一个好消息，但也构成了如何承接好这些帮扶力量的考验。在这种情况下，通过合作社这个组织，提高自身承接能力、优化帮扶资源配置，可以说是个不错的尝试。这是因为，合作社不是贫困户的简单组合，而是智力层面的升级，从而总体上提高了驾驭资源的能力。

三、合作社握指成拳办大事

合作社作为纽带，连接帮助方与受助方两头。对外，合作社发挥着对接各种帮扶资源的作用；对内，合作社的作用也非常重要，主要表现在对自身资源的整合，通过集中力量办大事的方式，提高自身承接帮扶资源的能力，进而提高脱贫致富的能力。按照马克思主义哲学的基本观点，内因是事物发展的根据，对于事物发展起着决定性作用，从扶贫攻坚的角度看，合作社对于整合自身资源的意义更加重大。

▶ 凝聚力量，为贫困户带来希望

脱贫需要输血更需要造血，要调动贫困户脱贫致富的积极性和主动性，要立足观念转变，等等，可以说已经成为扶贫开发工作的常识。这些常识的一个根本出发点就是注重激发贫困户的主体作用。然而，现实中，既然成为贫困户，总是有着各种各样的不利因素。要激发贫困户自身的脱贫意识，除了对之进行先进观念的宣传和教育外，通过合作社把贫困户组织起来，是一种更为感性和实在的方式，不仅可以给贫困户带来安全感，也能激发其对美好生活的向往。

黑龙江省齐齐哈尔市龙江县哈拉海乡西里村人均耕地 8.3 亩，种植业以玉米、杂粮、甜菜为主，畜牧业以牛、羊、猪、鹅为主。全村精准识别贫困户 154 户 319 人，其中，国标 35 户 59 人，省标 119 户 260 人。种植业和畜牧业是该村的优势产业。西里村党支部就是通过合作社的方式推进产业扶贫，为广大贫困户带来了希望。

在种植业方面，该村党支部立足"合作社＋贫困户＋特色作物"的模式，结合本村土壤特点，在种植业上以米莱特谷子种植合作社、江林杂粮合作社、甜菜种植合作社为依托，积极鼓励贫困户土地流转入社，合作社以高于市场价格予以承包，目前已入社贫困户 16 户，其中 8 户流转土地种植谷子、8 户流转土地种植甜菜，共计流转入社土地 96 亩，有效解放了贫困户劳动力。针对剩余贫

省下派第一书记付洪志与贫困户王厂学讨论养牛心得

哈拉海乡西里村甜菜种植基地

困户劳动力，通过村自建工程项目提供务工岗位，共输出劳动力 7 户 15 人，有效增加了贫困户人均收入。

在畜牧业方面，村党总支立足"合作社＋贫困户＋龙头企业"的模式，组织全村党员广泛宣传、鼓励贫困户贷款资金入社养猪，符合贷款条件的贫困户与合作社签订养猪分红合同，每年入社投资 2 万元至 3 万元，保底获得收益 2100 元至 3150 元。同时，县政府对西里村志国养猪合作社新建猪舍每平方米补贴 200 元，成猪出售价格每斤补贴 0.2 元，丰源肉联签订协议对其提供仔猪、饲料和母猪饲养技术，生猪回收每斤高于市场价 0.3 元，解决了合作社的后顾之忧。目前，全村有 13 户贫困户申请贷款投入养猪合作社，形成了贫困户与养殖合作社和龙头企业产销的有效衔接，确保在龙头企业、专业合作社的带动下实现贫困户脱贫的目标。

合作社的优势主要体现在集中力量办大事上。相较于个体贫困户，合作社的抗风险能力更高，适应市场的能力更强，也更能够发挥扶贫政策的效应，提高扶贫政策的效率。当然，是否成立合作社也要符合实际条件。西里村党支部对于养猪，采取了合作社的方式，但是对于养牛则采取的是"自主散养＋自主经营＋企业直联"的模式。显然，以家庭为单位养牛，更符合当地实际，更能调动贫困户的积极性。这里的区别，在扶贫开发工作推进的过程中，必须予以注意。

➤ 兼顾个人和集体，形成脱贫合力

在整合自身资源方面，不少地方的合作社往往是农户（贫困户）、村集体的利益交织点，与此同时，双方的优势也在此得以集中，成为扶贫开发中的重要动能。具体来说，合作社是村集体组

织，由贫困户入股共同出资或者出人、出物构成，对外以公司或者组织的形式参与市场交换。这类合作社在为社员创造经济效益的同时，也形成了集体经济的积累，为全体村民的普惠式福利奠定了基础。吉林省长春市九台区其塔木镇北山村党总支通过合作社大力发展集体经济，走出了一条以党建、项目和品牌带脱贫、以政策保脱贫的精准脱贫之路。

脱贫致富，党建先行。村看村、户看户，村民富不富，全在党员和干部。为了落实好扶贫政策，北山村党总支成立了北山村扶贫开发协会，依据党员从事产业设立种植、养殖、农机和劳务4个党支部、12个党小组，把支部建在产业链上。采取"支部＋党员中心户＋贫困户"的方式，实施精准帮扶，帮助贫困户树立信心。2016年初以来，共开展6期创业技能培训，帮助42名有劳动能力的贫困群众找活干，为每个贫困户提供100只鸡雏，由村里懂技术的党员提供技术指导，村党总支保销售、保价格，仅此一项每户就

党群致富创业园

可增收 5000 元，这让大家看到了希望，感受到了组织的温暖。

有了组织引领，还需要具体的产业载体和项目支撑。没有项目支撑，只能解决一时困难，不能实现彻底脱贫。在项目建设上，北山村党总支大力开发林地资源，组建林下经济合作社，建立 30 公顷林木种植基地，种植榛子 2.5 万棵、樟松 12 万棵，全部作为贫困户入股资本，村集体、贫困户和经营者按 3∶3∶4 比例进行分红，三年山榛子挂果 12 万斤，利润至少 200 万元，每个贫困户每

苗木花卉大棚

年可增收 6500 元。北山村党总支积极协调发改、财政等部门建设党群致富创业园，组建苗木花卉合作社，采取"基地＋合作社＋农户"的模式，吸引贫困户参加。现已建成普通大棚 2 栋、温室大棚 3 栋，每栋占地 1 亩，主要种植常青藤、绿萝、康乃馨等花卉，22 户贫困户参与其中，每户年均收入 2 万元。

立足产业发展，北山村党总支把开发品牌提上日程。按照"一

居家养老"幸福院"

社一品，一户一策"的工作思路，北山村党总支着力打造增收致富"特色屯"，带动扶贫开发向品牌化方向发展。在北山村1组重点培养厨师人才，在4、5组重点发展农机合作社，动员5户贫困户以土地入股，现在正在谋划打造劳务输出屯、苗木花卉种植屯和黄牛养殖屯，打出北山新农村建设的特色品牌，就地就近带动贫困户脱贫，争取政策保脱贫。

合作社的强大，在带领贫困户脱贫的同时，也极大地壮大了该村的集体经济，为全部贫困户的脱贫提供了物质保障。针对丧失劳动能力的贫困户，该村争取政策兜底，保障困难户基本生活。2016年，建设了占地面积2000平方米、建筑面积1000平方米的居家养老"幸福院"，42户贫困家庭实现了集中居住；还积极推进饮水安全、道路桥涵、村屯绿化、村小改造等基础设施建设，努力为村民创造良好的生产生活环境。

通过北山村合作社脱贫致富的实践，我们可以看到，合作社的作用体现在合作社的诸多角色上。从资源整合和配置的角度看，合作社正确处理了贫困户、村集体和经营管理者等多方的权利和义务关系，从而调动了各方的积极性；从合作社的性质上看，合作社不仅仅是一个经济机构，同时还具有政治意义，集体经济的壮大、对困难户的兜底等，是共同富裕的具体体现。而这，也正是扶贫攻坚的最终目的所在。

▶ 合作社是致富能人示范带动的舞台

经济社会发展不平衡，是扶贫开发政策出台的基本背景。这种不平衡，不仅体现在地区之间，还体现在地区内部。简而言之，发达地区也有贫困户，贫困地区也有致富能手。对于贫困地区来说，在引进帮扶力量的同时，善于运用本地区的企业和致富能手的带动作用，也特别重要。而合作社，就可以起到为此提供平台的作用。在扶贫开发的实践中，这也是合作社对贫困地区内部资源整合的一种方式。

广西壮族自治区田东县思林镇真良村就有一个致富能手带动乡亲们脱贫致富的典型。2012 年前，返乡创业青年、"80 后"梁青松，得知家乡的土壤和气候非常适合种植火龙果，就租下了 50 亩土地，还成立了田东县第一家火龙果专业合作社，成为村里的致富带头人，带动了 50 户农民脱贫。合作社采用"基地＋农户＋合作社＋公司"的发展模式，以火龙果系列产品和火龙果在全国联销网为项目生产的外部效益保障，实现火龙果产品的多样化、生产的专业化、产能的规模化、产出的商品化。真良村地处广西壮族自治区百色市田东县东部，是红色革命根据地，加上突出的农业旅游资源优势，形成了具有"红色＋绿色"鲜明特征的旅游休闲产品。梁青松还将"绿色"火龙果种植和"红色"旅游相结合发展，逐步引导农村由单纯的第一产业向第三产业过渡，促进了当地农户的增产增收。

火龙果产品品种优势明显，营养丰富，口感上乘，种植过程环保可控，且具有广泛的药理效果，早果丰产、应市期长等特点。像梁青松这样通过合作社把火龙果产业做大，并带动贫困户脱贫致富的，在百色还有很多。

2016 年度分红大会现场

梁青松带领村民发展农业旅游项目

合作社具有积聚资源的优势。只要政府的扶贫政策得力、合适，对于致富能手来说，就可以通过合作社的方式，把贫困户集中起来，同时与自身的优势相结合，实现带动贫困户共同脱贫致富的目的。从这个角度看，合作社集中了扶贫政策、致富能手和贫困户三方的利益诉求和资源优势，最终目标是脱贫攻坚任务的完成。百色是广西扶贫攻坚的主战场。目前仍有 85.7 万贫困人口，约占广西贫困人口的 1/6；其中 65% 以上集中在石漠化区域，10% 集中在少数民族聚居区，10% 集中在边境地区，另有 15% 集中在交通不便的边远山区。这是百色扶贫攻坚的"战地图"。在这种情况下，充分挖掘自身脱贫致富资源、利用合作社等组织发挥能人示范带动作用，就成为该地区扶贫开发工作的一个突破口，也在扶贫开发实践中发挥了重要作用。

第八章
重在精准，秉持公正扶真贫

对扶贫工作有着深入思考，对贫困群众有着真挚情感的习近平总书记，在多次考察和讲话中反复强调"精准"的重要性，"扶贫开发贵在精准，重在精准，成败之举在于精准"。当前，扶贫开发工作已进入"啃硬骨头、攻坚拔寨"的冲刺阶段。这种形势客观上要求，扶贫开发从粗放扶贫到精准扶贫转变。精准扶贫，贵在精准，既要对象精准，也要措施手段精准，还要管理精准。这些要求，无疑对作为扶贫开发工作实施主体的基层党组织构成了很大的挑战。对于基层党组织来说，在落实中央扶贫方针和政策的同时，尤其要秉持公平公正的态度，才能最大限度地释放扶贫政策的善意，让扶贫工作达到理想效果。

一、精准摸底，为扶贫打下坚实基础

精准扶贫是扶贫开发工作中必须坚持的重点，也是新时期党和国家扶贫工作的精髓和亮点，关系到全面建成小康社会、实现中华民族伟大复兴的中国梦的奋斗目标，意义重大。作为落实精准扶贫政策的重要主体，基层党组织的一个重要工作就是精准摸底，全面了解贫困状况以及贫困原因，才能有针对性地采取扶贫措施，进而保证扶贫效果。近年来，在扶贫开发的实践中，不少基层党支部摸索出一套行之有效的精准摸底办法，有力地推动了扶贫工作的进展。

➤ 建档立卡，老办法也能解决新问题

在对扶贫对象进行识别上，不少地方都采取了建档立卡的办法。在扶贫开发从粗放扶贫向精准扶贫转变的当下，这一老办法仍然可以发挥新作用。云南省施甸县在沿用建档立卡的老办法的同时，通过严格的"七评法"，实现了对贫困人口和贫困原因的精准识别，为全面脱贫致富奠定了坚实的基础。

云南省施甸县坐落在从怒江到勐波罗河的崔嵬群山之中。2000多平方公里的土地上居住着34万人，还有6万多贫困人口艰难生活在这里的干热河谷和冷凉山区。贫困面特别广，贫困程度特别深，滇西片区这样一个扶贫任务繁重、脱贫压力巨大的国家扶贫工作重点县，率先提出到2018年实现"整

云南：政府补助建新家，精准扶贫对症下药

县脱贫"的目标，细数其底气，精准识别无疑占重要一笔，他们拿出了识别贫困人口的"硬办法"。

"硬办法"是什么呢？那就是"七评法"。"七评法"是根据县情制定的，是当地精准扶贫的重要依据，主要内容是：一评住房、二评生活、三评生产、四评劳力、五评健康、六评教育、七评负债。当然，实际筛选决不像这七条这么简单。就像施甸县委副书记杨箫宾坦陈的那样，"很多人对自家的收入情况都算不清楚，这给精准识别带来大难题"。所以，在"七评法"实施过程中，施甸通过群众申报、干部核实和群众互评相结合的办法，保障贫困户申报的信息准确。然后将所有的贫困户倒序排列，在党员群众会议上讨论审核，最后实行公开公示，接受广大群众监督。

"七评法"不仅能够全面摸清贫困户在哪儿，而且能够精准识别村民因何致贫。从施甸县的情况来看，通过精准识别，施甸县的

施甸县的大棚蔬菜

脱贫"地图"清晰了：截至目前，全县共有贫困人口 60666 人，占全县人口的 21%。农民人均纯收入 785 元以下的深度贫困自然村还有 113 个 3.87 万人。产业单一、受教育程度低、交通闭塞等是造成贫穷的共性原因。这些精准的摸底，为"整县脱贫"创造了重要条件。正如保山市委书记李正阳所说："扶贫，就是要扶真贫。整县脱贫，在施甸，在保山全域，都是第一遭。精准识别贫困户，是保障整县脱贫的基础。"

◢ 不枉不纵，多方调查佐证识"真贫"

不得不说，扶贫作为一种外来资源，对于贫困地区的贫困户而言，具有巨大的诱惑力。中央强调精准扶贫，有这方面的考虑，即推进扶贫资源的效用最大化。随着各地扶贫工作逐渐制度化、程序化，以及人民群众权利意识的觉悟，贫困户对于这笔资源的争取也呈现出竞争性态势，因此举报、冒充、隐瞒等各种乱象层出不穷。对于这些情况，需要基层党组织在推进扶贫开发政策的过程中，慧眼识真贫。广西壮族自治区大新县等地实施的一整套识贫办法，成为经验之谈。

广西壮族自治区大新县在识别扶贫对象时，认真落实"一进二看三算四比五议"识别法，坚持不合并步骤、不简化流程，进村入户开展识别。对照 98 项指标，按照百分制，对贫困村所有农户、非贫困村在册贫困户和新申请的农户挨家挨户调查，逐事逐项评分。为了确保扶贫对象的精准，当地基层干部做了大量的工作。在精准调研的日子里，为了掌握确切信息，工作人员几乎没有双休日。崇左市大新县桃城镇干部赵福壮说：

广西大新：母牛入股寄养代繁，找准定位助脱贫

"我们主要从村干部、群众及邻居等几个方面求证，那段时间我们天天到各屯去走访。"

德立村头马屯的冯恩利是当地扶贫建档立卡的贫困户之一。当时，有群众举报说，冯恩利在南宁市有房产，不符合贫困户标准。大新县桃城镇扶贫办立刻通知包村工作组展开调查。经核查，冯恩利在南宁市并没有房产，家庭状况确实比较困难，住房属于危房，其儿子离异后独自抚养学龄孩子、赡养老人。最终，经过屯级、村级村民评议会表决后，冯恩利被同意作为扶贫建档立卡的贫困户。

为了保证扶贫对象的精准，防止出现"人情分"现象，当地还采取调查专人负责的方式，对调查结果进行当事人签字确认。同时，强化责任追究，识别结果存在问题的，倒查相关人员的责任。因此，对于基层党组织来说，入户确认就成为其一项重要工作。2015年11月的一天，桃

大新县五山乡宾山村罗山屯精准识别入户评估得分评议公示

村民代表评议

城镇干部赵福壮等来到宝新村双力屯的李壮才家里，向李壮才进行不符合精准扶贫建档立卡户的确认工作。而此前的入户调查评分工作则全部由精准识别工作队员来完成。

为防止出现"富人当选"现象，2015年10月28日，广西下发精准识别"八个一票否决"补充通知，规定有两层以上（含两层）砖混结构精装修住房等8种情形之一者，原则上在精准识别贫困户评议中采取"一票否决"。河池市罗城仫佬族自治县四把镇棉花村村民吴天高，一家四口有3人在外务工，且在镇上有房。在新一轮精准识别贫困户中，吴天高家被"一票否决"。对此，吴天高表示很服气。按照评分标准，他家的得分是107分，比自治区划定的贫困户"分数线"62分高出一大截。

此外，广西还采用大数据检索对比技术，推动扶贫对象的精准识别，成为各个贫困地区的重要保障。广西组织编办、公安、财政等部门，联合对调查评分农户开展财产检索，运用大数据手段，将识别采集到的2000万条信息与各部门提供的1900万条财产信息数据，进行730万亿次比对分析，否决了有大额财产的农户50万户，涉及家庭成员62.5万人。对不符合结果的，返回各县，要求各县进行核查和重新评议。

精准识别，有效地推动了广西各地的扶贫开发工作。广西扶贫开发的目标是，2020年前全面完成全区452万贫困人口、5000个贫困村、54个贫困县的脱贫摘帽任务。立足于这一基础，广西顺利实现了"120万贫困人口脱贫、1000个贫困村出列和8个贫困县摘帽"的2016年年度目标，为2020年总目标的完成创造了良好的条件。

▶ "显微镜"识贫，让非贫困村的贫困户不掉队

一提起扶贫，第一印象往往会被认为是落后地区。其实，由于中国地域之广大以及各地发展的不平衡，再加上各种各样的自身原因，不仅落后地区存在贫困户，发达地区同样也存在贫困户。精准扶贫的精准，显然不能仅仅着眼于贫困地区的贫困户，发达地区的贫困户同样应该予以重视，不应成为被遗弃的对象。湖南长沙市的基层党组织通过"显微镜"识贫，让扶贫政策关照到发达地区的贫困户，使得整个扶贫工作更加全面。

65 岁的喻瑞林是长沙市宁乡县青山桥镇友园村的村民，曾经是当地海拔最高的那一户。他本人做过泥工、养过羊，生活原本还过得去。但自从 54 岁那年患上严重的支气管炎后，日子开始变得艰难。不能干体力活，甚至走不了远路。连下山到镇上看病，也需要找人背着走。2008 年，喻瑞林的老伴精神失常，让这个家雪上加霜。用喻瑞林的话说，"家里的积蓄没多久就掏空了，只能靠低保过日子"。

长沙是湖南的省会，经济发展水平不仅在湖南处于"领跑"地位，甚至在全国也不错。2015 年，长沙农村居民人均可支配收入超过 23000 元。然而，像喻瑞林一样的贫困户，却并不稀奇。据当地政府统计，大约有 5.8 万多户 16 万多人。长沙全市 85 个省定贫困村的贫困户，只占到全部贫困户的 30%，其他 70% 的贫困户则"插花式"分布在非贫困村。在这种情况下，如果精准扶贫仅仅盯着省定贫困村的贫困户，只能解决 30%，剩下的 70% 才是大头。用长沙市农委副主任李雪龙的话说，"即使对 30% 贫困人口的精准扶贫工作做得再好，如果忽视了其他的 70% 贫困人口，

也不能说打赢了脱贫攻坚仗。"

　　喻瑞林所在的宁乡县青山桥镇有 3 个省定贫困村，属于长沙贫困人口相对集中的边远山区，但即便如此，4047 个贫困人口也只占到全镇总人口的 7%，这里的贫困人口分布依然较为分散。与集中连片特困地区不同，在这里，想要精准识别贫困户，并不容易。这无疑给精准扶贫工作带来了挑战。

■ 沩山乡精准扶贫系统

■ 易地扶贫搬迁集中安置区"千手爱心大屋"

对此，当地的基层党组织没有回避问题和困难，而是下硬功夫，可以说把精准扶贫工作做到了极致。喻瑞林所在乡镇最终采取了搬迁脱贫的办法，让喻瑞林等 80 户在邻居青山镇的集镇旁安了新家。但事前，为了摸清全镇 9 个村贫困户家底和搬迁意愿，镇里的干部没少花力气。前后花费大约 3 个月时间，几上几下，才最终确定搬迁名单。

宁乡县沩山乡独立开发了精准扶贫信息系统。全乡 561 户建档立卡贫困户，不论是家庭信息、致贫原因，还是帮扶联系人、帮扶措施、帮扶成效、收入支出情况等，系统上均一览无余。该系统还有一大特色，可以实现帮扶动态的过程记录——贫困户哪天享受了何种政策，哪天搞起了脱贫产业，哪天得到了某种具体帮扶，哪天家里有了特殊变化，等等，都有实时更新记录。沩山乡以基层党建为引领，以做好群众工作、提升贫困群众自我发展能力为重要抓手，持续纵深推进全面就业、小微产业、爱心助跑三大战略举措，实现人均收入 10519 元，真正实现了"家门口的收获，山里人的梦想"！

全面小康，不只是发达地区的小康。对落后地区的扶贫开发工作，正是着眼于这一基本实际。但是，扶贫开发也不能只补足落后地区的短板，发达地区的贫困现象同样也是短板。从这个意义上讲，长沙市的精准扶贫具有示范意义。提到长沙市的"精准"，媒体称，算是用上了倍数足够大的"显微镜"。实际上正是这样。长沙市的精准扶贫，做到了精准到户，实现了建档立卡贫困户结对帮扶全覆盖。长沙市的扶贫工作，就像长沙市农委副主任李雪龙所说，"不是只突出重点，只做亮点，而是要对贫困村和非贫困村、所有贫困户的脱贫攻坚工作统筹安排，同步推进"。

二、精准实施，确保扶贫工作良好效果

精准识贫只是精准扶贫的起步阶段。精准扶贫目标的完成，还需要扶贫政策及方案的精准实施。精准实施，需要考虑贫困的原因、脱贫的优劣势、贫困对象与救助对象的精准对接等多个方面，才能保证扶贫工作的良好效果。习近平总书记提到的"六个精准"中，有四个精准，项目安排精准、资金使用精准、措施到户精准、因村派人精准，都属于精准实施，精准实施环节的重要性，由此可见一斑。作为扶贫开发工作的重要实施主体，各地基层党组织精准实施情况的优劣，直接决定了脱贫成效的大小，因此精准实施环节的意义不言而喻。

▰ 靠山吃山，精准定位找到致富康庄道

精准实施，能否做到精准，关键在于对贫困原因，特别是对脱贫致富所依赖的现实条件的精准认知。有了精准认知，才会有精准对策，进而才会有理想的脱贫效果；相反，如果缺乏对当地脱贫条件的精准认识，单纯为了扶贫而盲目出台一些扶贫举措，就很难达到预期的目的。俗话说，靠山吃山。对于扶贫开发工作来说，对扶贫地区潜在资源的认知深度，决定了扶贫开发工作的广度。吉林省白山市长白县十四道沟镇鸡冠砬子村党支部在精准认知自身脱贫资源和优势的基础上，通过精准定位，找到了脱贫致富的康庄大道。

鸡冠砬子村位于长白山脚下、鸭绿江边，多年的山区传统农业生活，使村民缺少致富门路。鸡冠

吉林白山：精准扶贫，授人以渔

砬子村总户数 187 户 572 人，是白山市 112 个贫困村之一。由于长期的贫困，经济社会发展落后，该村的潜在优势长期得不到开发，村民的生活也长期处于贫困状态。脱贫攻坚战打响以来，该村党支部在包保帮扶部门和干部的帮助下，对自身的贫困状态进行了精准认知，重新梳理脱贫思路，精准定位发展模式与目标，通过坚持搞乡村旅游、打造旅游文化精品村实现了脱贫。

首先是目标定位上的精准。鸡冠砬子村的包保帮扶部门是白山市林业局，同时长白县也派出了一名处级干部同步包保。帮扶部门和干部的介入，为鸡冠砬子村脱贫致富带来了新思想和新观念。在他们的帮助下，鸡冠砬子村党支部与包保单位、包村干部多次深入交流，同时多次在村民和党员干部之间进行调研摸底。经过多次了解沟通，反复研究发现，鸡冠砬子村毗邻国家 AAAA 级景区望天鹅，经常有户外运动者和摄影爱好者入村饱览山光水色。面对守着青山绿水却长期受穷的困境，鸡冠砬子村党支部在包保单位和包保干部的帮助下，决定深入挖掘农村旅游资源，做活山水文章，破解鸡冠砬子村脱贫难题。

目标定位确定以后，关键就是实施了。俗话说"栽下梧桐树，引来金凤凰"。在目标实施环节，鸡冠砬子村党支部把良好优美的人居环境当做发展乡村旅游产业的关键，从改善村里的基础设施条件做起，经过包保单位与城建、水利、文体等部门反复协调，争取了建设资金 1430 余万元，完成村民俗文化广场、上下水改造、村内道路硬化等多项基础设施建设。为了更好地体现旅游文化特色，鸡冠砬子村党支部还邀请专家对建设项目进行了整体规划，从文化墙到路灯挂牌，从沿江小路到观景台，从排水渠到文化广场，都体现了鸡冠砬子村的自然风景、历史风貌、民俗风情，增强了观赏

■ 鸡冠砬子村文化墙

■ 鸡冠砬子村组织的露营节

性。这一举措大大吸引了游客数量，仅 2016 年上半年，村里接待游客量就同比增加四成多。

旅游扶贫是个长远的事。为了把旅游扶贫作为一个常态的脱贫致富长项，鸡冠砬子村党支部精准施策，通过"村集体＋产业＋农户"模式调动了各方的积极性，保证了脱贫致富的持久性和有效性。现在鸡冠砬子村村民经常说的一句话是"靠山不砍树，旅游能致富"。为了做大做强旅游产业，在包保单位和干部的帮助下，鸡冠砬子村成立了鸡冠砬子村石门湖旅游有限公司，由村民提供屋舍，旅游公司出资改造成朝鲜族民俗屋，打造"农家乐"旅游区，村民成为"股东"享受分红，村集体获益后每年按 50% 比例再反哺无劳动能力的贫困户。公司运营以来，成功举办了长白山首届高山草原露营节，近 2000 名游客、摄影爱好者参加了活动，仅此一项就带动村民户均增收 1000 余元。

精准扶贫的威力在精准。认识到位、施策到位，效果就会到位。鸡冠砬子村的扶贫实践表明，鸡冠砬子村党支部找对了路。据统计，目前该村旅游业从业人员达到 73 人，间接就业人数 181 人，已带动全村 90% 的贫困户脱贫致富。我们可以期待，随着"村集体＋产业＋农户"模式的进一步完善，全村 100% 脱贫致富不是梦。

因地制宜，精准推广致富经

在扶贫开发工作开展过程中，有益的经验特别重要。各级党委也特别注重各地扶贫开发工作中的典型，通过各种方式促成经验交流，让致富经广为流传。随着扶贫开发工作进入精准扶贫阶段，对于致富经的输出方来说，也需要一个精准的提升。正所谓未雨绸缪，凡事预则立，不预则废。事前的充分准备，必将体现在事后的

浙江宁波：打造特色产业，助力精准扶贫

良好效果上。浙江省宁波市奉化区滕头村自己致富后不忘社会责任，将本地依靠园林花木种植实现脱贫致富的经验复制推广到全国各地，在十多个省市建立10万亩苗圃基地，其中多数为贫困地区，精准帮助这些地区实现了脱贫增收。

20世纪50年代的滕头村是出了名的穷，有民谣为证：田不平，路不平，亩产只有二百零，有女不嫁滕头宁（人）。经过大半个世纪的努力，滕头村通过大力发展"绿色经济"，实现由年收入不足万元到年产值过90亿元的华丽转身，并荣获"全球十佳生态乡村"等一系列美誉。"绿水青山就是金山银山"，富裕后的滕头村扛起了"先富带后富、党建促发展"的社会责任，成为扶贫开发中的积极分子。其主要做法如下：

一是精准选择扶贫区域。结合苗木种植产业"喜山、喜河"的特点，在选择种植区域的时候，滕头村多考虑向欠发达地区倾斜。目前，滕头园林苗圃基地分布最大的地区有福建省明溪县、江西省上高县、山东省东平县等省级贫困县，通过连片承包、改土造田、种植苗木，这些地区原先的荒山荒地变成了现在的美景美村，周边道路交通、水利工程等基础设施得到有效改善，村庄面貌得到提升。

二是精确带动致富产业。坚持"扶贫攻坚要走绿色可持续发展之路"，滕头村努力倡导大规模连片种植，提升苗木种植的经济效益和生态效益。同时，通过优化品种搭配、错开花期等方法，在各地花木基地形成"长花期、多品种、大范围"的独特花景，着力吸引周边前来赏花休闲的游客，直接拉动当地餐饮、住宿行业快速发展。在此基础上，滕头村输出发展旅游产业经验，帮助明溪县村头

滕头村坚持绿色发展之路

滕头人坚信"绿水青山就是金山银山"，打造优美村容村貌

■ 滕头村在江西省上高县建立苗圃基地，带动近2万村民致富

■ 苗圃基地

村做好生态旅游规划，有效实现了当地旅游产业的升级换代。

三是精心培育脱贫技能。滕头村在各地的苗木基地平均每5000亩吸收近万用工人员，通过在滕头村苗木基地做工，不少贫困地区农户直接实现脱贫。基地还开设苗木种植技术培训，提升当地苗木种植、经营水平，在滕头村种植能手的精心培训下，不少农民掌握了苗木种植的技术，部分头脑灵活的还依样画葫芦搞起了苗木种植，获得了不菲的收益。

扶贫开发工作中，有一句话非常有名，"授人以鱼不如授人以渔"。滕头村的"绿色输出"正是这方面的典范。由于选址精准、施策精准，宁波市滕头村的发展模式在很多贫困地区成功地完成了复制和推广，成为这些地区群众脱贫致富的希望。据统计，滕头村苗圃基地所在地的农民人均收入要比周边县（市、区）高9000余元，绿色经济成效显著。更为可贵的是，通过推广"绿色造血、生态致富"的理念，帮助许多地区转变发展观念，形成了生态产业发展格局，如江西省上高县芦州乡，滕头村1万多亩景观苗木使得该乡被确定为全省最大的赏花休闲基地，真正走上了"绿水青山就是金山银山"的科学发展之路。

▶ 管理也是生产力，精准施治助脱贫

扶贫开发是一项十分庞大的工程，可以说涉及经济社会的方方面面。脱贫要想达到预期，就需要各方面的协调发展，各个环节的有机衔接。基层党组织处于扶贫开发的最前沿，是扶贫开发工作的直接责任主体。在精准扶贫的号召下，基层党组织管理、协调能力的大小，直接决定了扶贫开发工作的效果。辽宁省大连市普兰店区沙包街道党工委以精准思维为指引，通过对各个环节的精准管理、统筹协调，完成了脱贫攻坚的重要任务。

辽宁：精准扶贫实现从输血到造血的转变

沙包街道位于普兰店区北部，属于典型的山区涉农街道。辖区总面积165.6平方公里，辖8个行政村127个居民组8430户，人口近3万人。全街道农业人口占总人口的90%以上，年龄趋于老化。以粮食、水果和家庭养殖业为支柱产业，2015年人均收入8650元，与大连城镇居民可支配收入35889元相比，差距很大。近年来，沙包街道党工委以习总书记讲话精神为指导，通过精准管理，实现了整村推进，全面发展。

第一，建档立卡，精准找到贫困原因。为了摸清底数，街道全

沙包街道党委书记实地考察平塘建设

沙包街道召开扶贫工作会议

体机关干部深入村屯，实地走访，对群众的耕地、林地、房屋建设、生产生活基本条件、主要收入、具体困难、民生诉求、致贫原因及思想动态等方面，一一记录在册，在前期摸底调研的基础上，全面准确地做好了建档立卡工作，找到了贫困的原因：一是村民思想观念落后，消极保守，安于现状，部分农民小农思想严重；二是部分村民文化素质偏低，不懂技术，只能从事传统农业，致富能力不强；三是老龄化严重，年富力强的村民外出务工，留在家中的以老幼病残居多，全街道低保和五保户就达 748 户。

第二，包帮协调，精准分配扶贫任务。街道党工委、政府制定了《沙包街道推进扶贫开发工作实施方案》，细化了各项扶贫内容，成立了 8 个扶贫包帮领导小组驻村工作，每个组由 1 名街道领导和 3 名机关干部组成，他们沉下心、扑下身，扎根村屯，贴近群众，集合群众智慧和力量，研究出符合本村实际的、科学合理的脱贫规划。领导小组驻村工作期间共提出脱贫意见和建议 37 条，协调有关单位解决生产问题 86 件，进一步畅通了扶贫工作的末梢神经。

第三，产业致富，精准项目规划惠民到位。2016 年，全街道共提出大型产业项目 5 个，其中沙包村大周屯庭院经济项目和奎兴村果树基地项目率先启动。奎兴村小吕店屯水果基地项目规划范围 450 亩，街道党工委、政府科学规划，因地制宜，最终确立项目建设内容为基础设施配套，其中硬化路面 3472 延长米，宽度为 3 米，预投资 182 万元。两个项目上报后，大连市扶贫办多次现场考察和调研并予以肯定。在此基础上，街道党工委领导经过多方努力，确立了普兰店区北方互感器集团有限公司与沙包村结成包帮对子，并帮助沙包村大周屯打造一个涵盖道路硬化、围墙改造、河道清淤、安装太阳能路灯的村屯绿化项目，该项目将为全街道的水果销售和特色农业旅游带来大幅提升。

第四，学习培训，精准施治补短板。2016 年初，街道党工委组织机关干部开展了扶贫政策与脱贫知识巡讲活动 8 场，帮助村民克服"等靠要"的思想，增强贫困群众自我发展能力。印制宣传资料 5000 余份，营造了扶贫格局氛围。同时举办了农业技术员培训班 3 期，培训群众 176 人，力争达到培训一门技术、振兴一项产业、致富一方群众的目标。

管理也出生产力。在市场经济深入发展的当下，这已经被不少企业的发展所证实。同样，在扶贫开发工作中，管理的作用也不容忽视。而且，管理的精细化契合了精准扶贫的精神，其对扶贫开发工作的正向推动作用，应该得到充分的肯定。沙包街道党工委已经初步尝到了精准管理的甜头，其"瞄准重点、精准制导、定点清除"的既定方针，将在实现全部脱贫目标中发挥威力。

三、恪守"三公"，助力扶贫顺利推进

扶贫开发中的廉洁自律问题，是一个常说常新的老问题。扶贫领域不正之风和腐败问题，发生地域广，重点扶贫地区更为易发多发；发生领域多，在危房改造、低保等领域更为集中；涉事人员职级低，村干部是主要群体；单起涉事金额大多不高，但都是贫困群众的"救命钱"。从数额上看，这些个案不能与一些大贪巨贪相提并论，但从影响上看，其破坏能力可能更大。廉洁扶贫是精准扶贫的重要保障。基层党组织在扶贫开发工作推进的过程中，能否做到廉洁扶贫，公开公平公正，不仅关系到基层党组织的威信和凝聚力，也关系到脱贫群众参与扶贫的积极性，进而关系到扶贫工作能否顺利开展以及效果的优劣。

▲ 公平公正开局面，扶贫大厦有基石

千难万难，干群团结一致就不难。问题是，干群如何能团结一致？实际上，越是贫困的地方，问题可能越多。这就构成了一个内在的悖论。一方面，解决问题的出路在于发展，只有富裕了才能减少矛盾；但彼此之间的矛盾又构成了发展的最大制约因素，成为发展的障碍。在扶贫开发的工作中，不少地方都出现过或者曾经出现过这种困境。而要走出这种困境，最根本的还是要从信任着手，密切干群关系，把干群拧成一股绳。山东省平阴县北市村党支部就通过公平公正打开了扶贫工作的新局面，为该村脱贫致富奠定了坚实的基础。

北市村共有 424 户 1410 人，贫困人口 164 户 412 人，一度是

远近闻名的贫困村。2010年，镇党委动员在外经商的史兴顺回村担任支部书记，期待他能够带领北市村脱贫致富。当时，史兴顺个人的企业正处在上升期，每年仅纳税就超过百万元。面对组织的信任和乡亲们的期盼，他毅然放弃了企业，回到了村里。虽然早有心理准备，但村集体账上只有115元钱，欠账却达4万多元，一堆错综复杂的难题盘根错节地"绞"在一起，现实的"骨感"还是让他的心凉了半截。从何处下手，才能打开局面？

　　首先要找原因。他不分黑白，挨家挨户与党员群众谈心，发现村里最大的问题是人心涣散，群众对党员干部不信任、不支持。如何赢得群众的信任？他和"两委"成员决定，通过公平公正打开扶贫工作的局面。于是，村"两委"从自身做起，严格落实"四议两公开"制度，遇事先召集党员干部、村民代表商议，再向全体村民张榜公示，用公开透明打消群众疑虑，用公正公平重树干部形象。光有这个姿态，还不足以打消群众的顾虑。为了得到群众支持，还是要有实绩。他把群众反映最强烈的"行路难"问题作为突破口，动员党员干部带头伐树清障，然后逐户做群众工作，落实一户就通过大喇叭大张旗鼓地表扬，以先进带后进，最终修通了宽阔的村内大街，圆了村民多年方便出行的梦想；公开透明的作风、公平公正的处事风格，重新

党员与贫困户签订责任书，互相帮扶

凝聚了人心、树起了正气，也为北市村的脱贫奠定了坚实的基础。

2012 年，以市检察院选派第一书记驻村帮扶为契机，史兴顺带领北市村采取"支部＋企业＋合作社＋农户"模式，用扶贫资金作"酵母"，最大限度地吸收和利用民间投资，蹚出了一条符合实际的脱贫路子。村集体成立中药材种植合作社，流转土地 100 亩，利用扶贫资金 20 万元，建设瓜蒌种植基地，免费承包给 20 户贫困户，当年瓜蒌获得丰收，亩均收入达到 4000 元，户均增收 1.7 万元，村集体增收 6 万余元。在此基础上，他又动起了发展加工业的念头。北市村利用扶贫资金 90 万元、自筹 20 万元，建起了 1200 平方米的粉皮加工车间，注册"北市铺牌"商标，统一包装、统一销售，集体按比例抽成，吸纳 30 多户贫困户，让粉皮加工成为北市村的另一个支柱产业。

扶贫开发工作需要取信于民，需要党员干部一条心。如面对盘根错节的矛盾以及长期的积贫积弱，尤其是人心的涣散，扶贫工作应该从哪里发力？北市村通过实践回答了这一问题。而党员干部群众的信心一旦被激发，群众的伟力就会随之释放。6 年来，北市村由乱到治、由穷到富、由弱到强，先后被评为"省级文明村""市级文明村"的历程，正是这一伟力迸发的过程，也是廉洁扶贫力量的展示。

▶ 建章立信，支部公信力转化成脱贫生产力

"公生明，廉生威。"扶贫工作需要廉洁保驾护航。扶贫工作有没有公信力，能不能得到百姓的拥护，主要看两点：一是公正不公正，二是廉洁不廉洁。这两点说起来简单，要做到就不容易了。青海省刚察县吉尔孟乡秀脑休麻村党支部有效地实践了这两点，把党

支部的公信力转化成干群脱贫致富的生产力，取得了良好的效果。

　　秀脑休麻村是一个纯牧业村，全村共有牧户 219 户 889 人，其中贫困户 45 户 158 人，贫困面达 20.5%。由于自然条件恶劣，发展底子薄，牧民抵御自然灾害能力弱，因病、因灾致贫和返贫的现象普遍存在，扶贫工作面临着"扶贫—脱贫—返贫—再扶贫"的困境。自2013 年以来，秀脑休麻村党支部在充分征求群众意见、有效借鉴其他兄弟村社成功扶贫工作经验的基础上，通过两轮驱动（即由村党支部引领，以能繁母畜周转和互助资金帮扶两种模式为基础），实施精准扶贫，让秀脑休麻村贫困户脱贫有了希望。在这个过程中，秀脑休麻村党支部的建章立信发挥了重要作用。

　　实际上，在以往的扶贫开发过程中，秀脑休麻村就吃过廉洁扶贫不过硬的亏。此前，在产业的推广过程中，由于忽视建章立制、档案建立、资金使用公示等基础性工作，"炕头银行"、档案缺失、部分贫困户重复连年享受母畜周转等问题不断出现，大大制约

群众路线教育实践活动

青海驻县督导组在吉尔孟乡听取乡党委主要领导的工作汇报

了秀脑休麻村党支部治贫的公信力步伐，影响了整体脱贫的效果。2013 年开始，秀脑休麻村党支部吸取以往教训，在原有基础上重新梳理登记，通过深入走访调查，补充档案资料，以便今后在逐步规范母畜周转、资金借贷方式上有章可循、公正公平。同时，该村党支部成立了"秀脑休麻村母畜周转监督工作小组"，乡兽医站专门选派专业技术人员指导母畜鉴定、生产经营等过程；成立了"秀脑休麻村扶贫互助资金协会"，规范了协会章程，乡党委派驻专人负责互助资金往来账目的管理、能繁母畜周转档案建立等。通过一系列举措，既规范了工作程序，又减少了群众之间、群众与支部之间因档案缺失、分配混乱等产生的问题，解决了群众小额信贷时手续繁琐等问题。

规范了流程，一方面让产业发展的短板得以补足，另一方面也让群众得到了实惠。更为重要的是，放大了党员干部的示范效应，实现了党群干群合力扶贫的态势。在精准扶贫工作实施过程中，乡党委、政府选派党员干部深入群众，宣传政策、出谋划策，使困难群众对党委、政府的信任度进一步加深；乡兽医站专业技术人员在母畜鉴定、畜疫防治、高效养殖等方面提供优质服务，使困难群众在生产发展过程中有了技术保障；村干部主动作为，党员主动承担起扶贫帮困的重担，在联户担保、动员困难户积极参与等方面做了大量卓有成效的工作，使困难群众切实感受到了集体的温暖。通过乡村两级共同助推，党员干部工作作风得到明显改善，联系服务群众"最后一公里"问题得到有效解决。

坚持原则精准扶贫是保障。村"两委"班子始终坚持"公平、公正、合理"的原则，以贫困农牧户生产生活实际、需求、意愿为依据，通过群众大会推荐、村委会审议、党支部决议等程序，确定扶贫对象及方式，真正把需要扶贫的贫困群众纳入扶贫范围，坚决杜绝优亲厚友等现象的发生，并积极引导贫困户开展生产，使扶贫效益最大化，实现精准扶贫、精准脱贫。

▶ 移民扶贫更要注重公平公正

在扶贫开发的过程中，移民扶贫已经成为一条行之有效的经验，尤其对于那些确实不适合发展，自然条件极其恶劣的地区。但是，除了安土重迁的观念外，能否在移民过程中做到公平公正，也是移民扶贫的一大障碍。俗话说，人心齐，泰山移。基层党组织只有做到公正无私，才能移民顺利，脱贫才有指望。这一方面需要基层党组织的党员干部带头，另一方面也要有公平公正的配套政策与制度。甘肃省武威市古浪县西靖镇阳光新村社区党总支书记王发乾，在落实移民扶贫的过程中，发挥共产党员带头作用，认真做好土地分配工作，实现了零上访，为搬迁新区群众脱贫致富奠定了基础。

移民扶贫工程之前，王发乾住在古浪南部山区萱麻河村。"山大沟深，十年九旱"是当时生存状况的真实写照。王发乾种过药材、搞过养殖、做过商贸，但受山区条件限制，还是没有大的发展。为了顺利动员大家移民，王发乾和其他党员干部做了大量的工作。在2013年初阳光新村社区开工建设的时候，他就积极响应市委号召，带头报名，联合4名党员和群众，筹资300万元，提前在移民区修建养殖暖棚60座，养了30头牛、800只羊、4000只獭兔。移民住宅建好后，他又第一个搬迁入住。对于一时想不通的，他主动做工作，还自费带他们到移民点实地考察，消除他们的顾虑。在王发乾和其他党员干部的带领下，短短3个月时间，来自12个乡

古浪县移民搬迁下山入川工程

镇 47 个村的 1035 户 5096 人喜迁新居。

搬得出，更要稳得住。镇党委及时成立社区党总支，在 4 个居民小区和 18 个居民小组分别成立了党支部和党小组，王发乾被党员群众推选为社区总支书记。让来自不同地区的老百姓拧成一股绳，走好移民扶贫道路，对于新成立的党组织是一个严峻的考验。如何让老百姓信得过，是第一步，也是关键的一步。王发乾带领总支一班人，充分发挥领导核心作用，秉持公开公平公正的原则，做了以下几项工作：

组织选举产生居民委员会、社区监督委员会、群团组织，支持它们充分发挥作用。筹资 200 万元建成 960 平方米的社区综合服务中心，设立便民服务大厅，社区干部轮流值班，为乡亲们提供"一站式"服务。实行网格化管理，划分 18 个服务网格，5 名社区干部划片包干，"两委"委员、居民小组长和党员担任网格长、网格

阳光新村日光温室大棚

阳光新村养殖暖棚

员。王发乾还和"两委"一班人对 1000 多户群众挨家挨户走访，一户不落地办妥了户籍迁移、惠农政策接转等移民手续。在土地分配这个群众最关心的事情上，王发乾组织村组干部逐块丈量、摸清底数、制订方案，以组为单位逐户抽签确定土地分配顺序，组织群众现场丈量将土地分配到户。由于做到了公平公正公开，5200 亩土地分配过程中，没有发生一起群众上访事件。

阳光新村社区党组织在这次移民扶贫中经受住了考验，也为此后的产业扶贫创造了最为有利的条件。在党组织的带领下，阳光新村社区居民通过建棚子、栽林子等逐步走上了致富的道路。现在的阳光新村路成网、树成林，家家户户通了自来水、有线电视、宽带网，建成卫生厕所，配备户用型垃圾桶，门前有文化广场、乡村舞台，村民自发组建了社火队、广场舞队和秧歌队。大家高兴地说，山里的老农民过上了城里人的生活。

后 记

本书在中共中央组织部党员教育和干部测评中心有力指导下组织编写，各省、区、市组织部门在案例征集和使用等方面给予了大力支持。

参与本书撰写工作的有傅治平、彭京宜、王和平、詹兴文、梁美恋、江彩云、李一鸣等同志（按撰写章节排序）。其中，傅治平负责整体框架设计和编拟写作提纲，傅治平、彭京宜、王和平、詹兴文负责后期修改和统稿工作。

在本书编写过程中，有关领导和专家学者提供了重要帮助，人民出版社的领导和编辑为本书的出版付出了辛勤劳动，一并表示衷心的感谢。

由于编写任务时间紧，工作量大，仓促间难免有一些不当之处，敬请广大读者批评指正。

编　者

2017 年 4 月